U0946756

那先比丘经

中国佛学经典宝藏

117

吴根友 释译

星云大师总监修

人民东方出版传媒
東方出版社

《中国佛学经典宝藏》
大陆简体字版编审委员会

总序

星云

自读首楞严，从此不尝人间糟糠味；
认识华严经，方知已是佛法富贵人。

诚然，佛教三藏十二部经有如暗夜之灯炬、苦海之宝筏，为人生带来光明与幸福，古德这首诗偈可说一语道尽行者阅藏慕道、顶戴感恩的心情！可惜佛教经典因为卷帙浩瀚、古文艰涩，常使忙碌的现代人有义理远隔、望而生畏之憾，因此多少年来，我一直想编纂一套白话佛典，以使法雨均沾，普利十方。

一九九一年，这个心愿总算有了眉目。是年，佛光山在中国大陆广州市召开“白话佛经编纂会议”，将该套丛书定名为《中国佛教经典宝藏》①。后来几经集思广

① 编者注：《中国佛教经典宝藏》丛书，大陆出版时改为《中国佛学经典宝藏》丛书。

益，大家决定其所呈现的风格应该具备下列四项要点：

一、启发思想：全套《中国佛教经典宝藏》共计百余册，依大乘、小乘、禅、净、密等性质编号排序，所选经典均具三点特色：

1. 历史意义的深远性

2. 中国文化的影响性

3. 人间佛教的理念性

二、通顺易懂：每册书均设有原典、注释、译文等单元，其中文句铺排力求流畅通顺，遣词用字力求深入浅出，期使读者能一目了然，契入妙谛。

三、文简意赅：以专章解析每部经的全貌，并且搜罗重要的章句，介绍该经的精神所在，俾使读者对每部经义都能透彻了解，并且免于以偏概全之谬误。

四、雅俗共赏：《中国佛教经典宝藏》虽是白话佛典，但亦兼具通俗文艺与学术价值，以达到雅俗共赏、三根普被的效果，所以每册书均以题解、源流、解说等章节，阐述经文的时代背景、影响价值及在佛教历史和思想演变上的地位角色。

兹值佛光山开山三十周年，诸方贤圣齐来庆祝，历经五载、集二百余人心血结晶的百余册《中国佛教经典宝藏》也于此时隆重推出，可谓意义非凡，论其成就，则有四点可与大家共同分享：

一、佛教史上的开创之举：民国以来的白话佛经翻译虽然很多，但都是法师或居士个人的开示讲稿或零星的研究心得，由于缺乏整体性的计划，读者也不易窥探佛法之堂奥。有鉴于此，《中国佛教经典宝藏》丛书突破窠臼，将古来经律论中之重要著作，做有系统的整理，为佛典翻译史写下新页！

二、杰出学者的集体创作：《中国佛教经典宝藏》丛书结合中国大陆北京、南京各地名校的百位教授、学者通力撰稿，其中博士学位者占百分之八十，其他均拥有硕士学位，在当今出版界各种读物中难得一见。

三、两岸佛学的交流互动：《中国佛教经典宝藏》撰述大部分由大陆饱学能文之教授负责，并搜录台湾教界大德和居士们的论著，借此衔接两岸佛学，使有互动的因缘。编审部分则由台湾和大陆学有专精之学者从事，不仅对中国大陆研究佛学风气具有带动启发之作用，对于台海两岸佛学交流更是帮助良多。

四、白话佛典的精华集萃：《中国佛教经典宝藏》将佛典里具有思想性、启发性、教育性、人间性的章节做重点式的集萃整理，有别于坊间一般“照本翻译”的白话佛典，使读者能充分享受“深入经藏，智慧如海”的法喜。

今《中国佛教经典宝藏》付梓在即，吾欣然为之作序，并借此感谢慈惠、依空等人百忙之中，指导编修；吉广舆等人奔走两岸，穿针引线；以及王志远、赖永海等大陆教授的辛勤撰述；刘国香、陈慧剑等台湾学者的周详审核；满济、永应等“宝藏小组”人员的汇编印行。他们的同心协力，使得这项伟大的事业得以不负众望，功竟圆成！

《中国佛教经典宝藏》虽说是大家精心擘划、全力以赴的巨作，但经义深邈，实难尽备；法海浩瀚，亦恐有遗珠之憾；加以时代之动乱，文化之激荡，学者教授于契合佛心，或有差距之处。凡此失漏必然甚多，星云谨以愚诚，祈求诸方大德不吝指正，是所至祷。

一九九六年五月十六日于佛光山

原版序

敲门处处有人应

慈惠

《中国佛教经典宝藏》是佛光山继《佛光大藏经》之后，推展人间佛教的百册丛书，以将传统《大藏经》精华化、白话化、现代化为宗旨，力求佛经宝藏再现今世，以通俗亲切的面貌，温渥现代人的心灵。

佛光山开山三十年以来，家师星云上人致力推展人间佛教，不遗余力，各种文化、教育事业蓬勃创办，全世界弘法度化之道场应机兴建，蔚为中国现代佛教之新气象。这一套白话精华大藏经，亦是大师弘教传法的深心悲愿之一。从开始构想、擘划到广州会议落实，无不出自大师高瞻远瞩之眼光，从逐年组稿到编辑出版，幸赖大师无限关注支持，乃有这一套现代白话之大藏经问世。

这是一套多层次、多角度、全方位反映传统佛教文化的丛书，取其精华，舍其艰涩，希望既能将《大藏经》

深睿的奥义妙法再现今世，也能为现代人提供学佛求法的方便舟筏。我们祈望《中国佛教经典宝藏》具有四种功用：

一、是传统佛典的精华书

中国佛教典籍汗牛充栋，一套《大藏经》就有九千余卷，穷年皓首都研读不完，无从赈济现代人的枯槁心灵。《宝藏》希望是一滴浓缩的法水，既不失《大藏经》的法味，又能有稍浸即润的方便，所以选择了取精用弘的摘引方式，以舍弃庞杂的枝节。由于执笔学者各有不同的取舍角度，其间难免有所缺失，谨请十方仁者鉴谅。

二、是深入浅出的工具书

现代人离古愈远，愈缺乏解读古籍的能力，往往视《大藏经》为艰涩难懂之天书，明知其中有汪洋浩瀚之生命智慧，亦只能望洋兴叹，欲渡无舟。《宝藏》希望是一艘现代化的舟筏，以通俗浅显的白话文字，提供读者遨游佛法义海的工具。应邀执笔的学者虽然多具佛学素养，但大陆对白话写作之领会角度不同，表达方式与台湾有相当差距，造成编写过程中对深厚佛学素养与流畅白话语言不易兼顾的困扰，两全为难。

三、是学佛入门的指引书

佛教经典有八万四千法门，门门可以深入，门门是无限宽广的证悟途径，可惜缺乏大众化的入门导览，不易寻觅捷径。《宝藏》希望是一支指引方向的路标，协助十方大众深入经藏，从先贤的智慧中汲取养分，成就无上的人生福泽。

四、是解深入密的参考书

佛陀遗教不仅是亚洲人民的精神归依，也是世界众生的心灵宝藏。可惜经文古奥，缺乏现代化传播，一旦庞大经藏沦为学术研究之训诂工具，佛教如何能扎根于民间？如何普济僧俗两众？我们希望《宝藏》是百粒芥子，稍稍显现一些须弥山的法相，使读者由浅入深，略窥三昧法要。各书对经藏之解读诠释角度或有不足，我们开拓白话经藏的心意却是虔诚的，若能引领读者进一步深研三藏教理，则是我们的衷心微愿。

大陆版序一

赖永海

《中国佛教经典宝藏》是一套对主要佛教经典进行精选、注译、经义阐释、源流梳理、学术价值分析，并把它们翻译成现代白话文的大型佛学丛书，成书于二十世纪九十年代，由台湾佛光文化事业有限公司出版，星云大师担任总监修，由大陆的杜继文、方立天以及台湾的星云大师、圣严法师等两岸百余位知名学者、法师共同编撰完成。十几年来，这套丛书在两岸的学术界和佛教界产生了巨大的影响，对研究、弘扬作为中国传统文化重要组成部分的佛教文化，推动两岸的文化学术交流发挥了十分重要的作用。

《中国佛学经典宝藏》则是《中国佛教经典宝藏》的简体字修订版。之所以要出版这套丛书，主要基于以下的考虑：

首先，佛教有三藏十二部经、八万四千法门，典籍浩瀚，博大精深，即便是专业研究者，穷其一生之精力，恐也难阅尽所有经典，因此之故，有“精选”之举。

其次，佛教源于印度，汉传佛教的经论多译自梵语；加之，代有译人，版本众多，或随音，或意译，同一经文，往往表述各异。究竟哪一种版本更契合读者根机？哪一个注疏对读者理解经论大意更有助益？编撰者除了标明所依据版本外，对各部经论之版本和注疏源流也进行了系统的梳理。

再次，佛典名相繁复，义理艰深，即便识得其文其字，文字背后的义理，诚非一望便知。为此，注译者特地对诸多冷僻文字和艰涩名相，进行了力所能及的注解和阐析，并把所选经文全部翻译成现代汉语。希望这些注译，能成为修习者得月之手指、渡河之舟楫。

最后，研习经论，旨在借教悟宗、识义得意。为了将其思想义理和现当代价值揭示出来，编撰者对各部经论的篇章品目、思想脉络、义理蕴涵、学术价值等所做的发掘和剖析，真可谓殚精竭虑、苦心孤诣！当然，佛理幽深，欲入其堂奥、得其真义，诚非易事！我们不敢奢求对于各部经论的解读都能鞭辟入里，字字珠玑，但希望能对读者的理解经义有所启迪！

习近平主席最近指出：“佛教产生于古代印度，但传入中国后，经过长期演化，佛教同中国儒家文化和道家文化融合发展，最终形成了具有中国特色的佛教文化，给中国人的宗教信仰、哲学观念、文学艺术、礼仪习俗等留下了深刻影响。”如何去研究、传承和弘扬优秀佛教文化，是摆在我们面前的一个重要课题，人民东方出版传媒有限公司拟对繁体字版的《中国佛教经典宝藏》进行修订，并出版简体字版的《中国佛学经典宝藏》，随喜赞叹，寥寄数语，以叙因缘，是为序。

二〇一六年春于南京大学

大陆版序二

依空

身材高大、肤色白皙、擅长军事的亚利安人，在公元前四千五百多年从中亚攻入西北印度，把当地土著征服之后，为了彻底统治这里的人民，建立了牢不可破的种姓制度，创造了无数的神祇，主要有创造神梵天、破坏神湿婆、保护神毗婆奴。人们的祸福由梵天决定，为了取悦梵天大神，需要透过婆罗门来沟通，因为他们是从梵天的口舌之中生出，懂得梵天的语言——繁复深奥的梵文，婆罗门阶级是宗教祭祀师，负责教育，更掌控了神与人之间往来的话语权。四种姓中最重要的是刹帝利，举凡国家的政治、经济、军事、文化等等都由他们实际操作，属贵族阶级，由梵天的胸部生出。吠舍则是士农工商的平民百姓，由梵天的膝盖以上生出。首陀罗则是被踩在梵天脚下的土著。前三者可以轮回，纵然几世轮转都无法脱离原来种姓，称为再生族；首陀罗则连轮回的因缘都没有，为不生族，生生世世为首陀罗，子孙也倒霉跟着宿命，无法改变身份。相对于此，贱民比首陀罗更为卑微、低贱，连四种姓都无法跻身其中，只能从事挑粪、焚化尸体等最卑贱、龌龊的工作。

出身于高贵种姓释迦族的悉达多太子，为了打破种姓制度的桎梏，舍弃既有的优越族姓，主张一切众生皆平等，成正等觉，创立了佛教僧团。为了贯彻佛教的平等思想，佛陀不仅先度首陀罗身份的优婆离出家，后度释迦族的七王子，先入山门为师兄，树立僧团伦理制度。佛陀更严禁弟子们用贵族的语言——梵文宣讲佛法，而以人民容易理解的地方口语来演说法义，这就是巴利文经典的滥觞。佛陀认为真理不应该是属于少数贵族、知识分子的专利或装饰，而应该更贴近普罗大众，属于平民百姓共有共知。原来佛陀早就在推动佛法的普遍化、大众化、白话化的伟大工作。

佛教从西汉哀帝末年传入中国，历经东汉、魏晋南北朝、隋唐的漫长艰巨的译经过程，加上历代各宗派祖师的著作，积累了庞博浩瀚的汉传佛教典籍。这些经论义理深奥隐晦，加以书写的语言文字为千年以前的古汉文，增加现代人阅读的困难，只能望着汗牛充栋的三藏十二部扼腕慨叹，裹足不前。

如何让大众轻松深入佛法大海，直探佛陀本怀？佛光山开山宗长星云大师乃发起编纂《中国佛教经典宝藏》。一九九一年，先在大陆广州召开“白话佛经编纂会议”，订定一百本的经论种类、编写体例、字数等事项，礼聘中国社科院的王志远教授、南京大学的赖永海教授分别为中国大陆北方与南方的总联络人，邀请大陆各大学的佛教学者撰文，后来增加台湾部分的三十二本，是为一百三十二册的《中国佛教经典宝藏精选白话版》，于一九九七年，作为佛光山开山三十周年的献礼，隆重出版。

六七年间我个人参与最初的筹划，多次奔波往来于大陆与台湾，小心谨慎带回作者原稿，印刷出版、营销推广。看到它成为佛教徒家中的传家宝藏，有心了解佛学的莘莘学子的入门指南书，为星云大师监修此部宝藏的愿心深感赞叹，既上契佛陀“佛法不舍一众”的慈悲本怀，更下启人间佛教“普世益人”的平等精神。尤其可喜者，欣闻现大陆出版方东方出版社潘少平总裁、彭明哲副总编亲自担纲筹划，组织资深编辑精校精勘；更有旅美企业家鲁彼德先生事业有成之际，秉“十方来，十方去，共成十方事”之襟怀，促成简体字版《中国佛学经典宝藏》的刊行。今付梓在即，是为序，以表随喜祝贺之忱！

二〇一六年元月

目 录

题解

《那先比丘经》，又叫《弥兰陀王问经》，梵文写作Milindapañha。该经主要记载了部派佛教后期——公元前二世纪中叶传说中的佛教大师那先（Nagasena）与统治北印度的希腊王弥兰陀说经论道之事。该经实际上反映了印度佛教文化与希腊文明的初次对话，是印希文明交流史上重要的历史典籍。汉译为《那先比丘经》，不如南传佛教命名为《弥兰陀王问经》准确。

《那先比丘经》的时代及汉译时代

《那先比丘经》大约为公元前一世纪的作品，它属于佛教“三藏”经典之外的非经典的古典佛教作品。对于这部“非经典”的经典作品来说，其最初究竟是用何种语言写成的，佛教学术史界的看法并不一致。归结起来，大致有三种说法：巴利文说，梵语或混合梵语说，翻译说。印度哲学史家德·恰托巴底亚耶在《印度哲学》一书中提到，《那先比丘经》是用巴利语写成的。中国佛教研究专家方广锠先生在《中国大百科全书·宗教卷》中提到，《那先比丘经》有梵语与混合梵语之说。英国佛教史专家渥德尔在《印度佛教史》一书中提到，《那先比丘经》是于公元前一世纪初在印度译出写定的。

除此三种比较明确的说法之外，还有一种比较含糊的说法，如日本学者水谷幸正认为，《那先比丘经》公元前二世纪左右就在印度河上游流行了，然后被移居来的希腊人所理解。但是，这一流行的版本究竟是何种语言写成的，水谷幸正先生语焉不详。这样一来，关于《那先比丘经》的最初语言形态问题，便是一桩未了结的公案，有待史料的进一步发掘、证实。

《那先比丘经》的成书过程及其最初的篇幅长度，也是一个没有了结的公案。从现存的北、南两种系统版本来看，汉译北本系统的东汉初年二卷本《那先比丘经》，只相当于七章的巴利文本的四分之一，即巴利文本的序言及前三部分。即使是三卷本的汉译本，也不及南传的《弥兰陀王问经》的一半。这其中的奥妙颇难决断。据有些学者研究，南传七章的巴利文《弥兰陀王问经》，其经文的文体并不一致，有些篇章可能是后人增添的。由于英译七章本的《弥兰陀王问经》没有翻成汉文，再加上本人手头一时找不到英译本，故无从做比较研究。

不过依我看，七章本由于定型较晚，大约为公元四世纪，距弥兰陀王的统治时代有五百多年时间，其间有一些添加成分是不足为奇的。根据小乘佛教经典的成书过程来看，大约都是由短到长。《那先比丘经》带有极强的故事色彩，在流传过程中，人们为了追求“完美”，不断地在其中增添内容是可能的，这也符合非个人创作的经典作品的成书规律。我们若能就南传七章本的内容做出详细的研究，是能从中找到佛教从小乘到大乘的发展轨迹的。

北传两卷本《那先比丘经》虽在东汉年间传入中国，但在汉代的佛经译文目录上并未见到《那先比丘经》。因此，《那先比丘经》传入中国虽早，但译出时间似乎较迟。它附在东晋时代，译者亦不知何人。而且，此经在后代的著作中很少被提及，大约是此经中的思想与魏晋玄学不甚相契的缘故吧！

《那先比丘经》除汉译本外，还有英、德、日、法等各种文字译本。而用巴利语写成的《弥兰陀王问经》则有僧伽罗文、泰文、罗马字母等不同文字拼写本，可见此经在东西文化史上的地位。据石峻先生赐函指教，此经于19世纪由国际著名学者J. W. Ryhs Davids英译为*The Questions of King Milinda*，收入牛津大学出版的《东方圣典丛书》(*The Sacred Books of the East*, edited by Max Mulles）第三十五、三十六两卷中。因武汉大学无此丛书，故无法比较研究。

《那先比丘经》的价值及其历史地位

作为小乘佛教的非经典的古典作品——《那先比丘经》，其宗教价值及其在佛教学术史上的地位，都是十分崇高的。

从其宗教价值来看，《那先比丘经》主要通过文学对话形式，形象、生动地阐述了佛教的基本思想；并通过对当时雄健明智的希腊王弥兰陀的折服，显示了佛教济度世人的巨大精神力量。

从经文来看，弥兰陀是一个类似柏拉图社会理想中的“哲学王”，他对佛教以外的各种外道经典特别熟悉，并在具体的论辩过程中战胜了这些外道论师。正当他目空一切，在殿堂上大声询问还有没有人与他论辩之时，他身旁的大臣便向他推荐了那先。可以这样说，那先折服了弥兰陀王，不仅为整个被征服的希腊统治地区的印度人民寻得了心理上的平衡，而且也凸显了佛教教义的战无不胜的精神力量。弥兰陀王被那先阐述的佛教胜义折服之后，表示了对世俗王权的厌倦之情，向往佛教的涅槃境界。这实际上充分显示了佛教的“超度功能”。一个人间至尊之王竟然对王位不感兴趣，那么世俗一般人的爱欲还有什么值得留恋的呢？还有什么不能放弃的呢？

超越对世间拥有的执着，是《那先比丘经》最为突出的宗教价值。

从传播佛教思想的角度看，《那先比丘经》所运用的譬喻说理方式，以及通过对比方式彰显佛教真正意旨的做法，对后来的譬喻师们说经起到了良好的影响。池田大作先生曾风趣地说《那先比丘经》是一部“佛教入门”式的教课书[①]，则比较生动地说出了该经在传播佛教胜义方面的贡献。例如，在阐述佛教的“因缘和合”思想时，该经巧妙地通过对话形式，浅显易懂地阐明了“何为车”“何为那先”之理，从而说明万物乃是“众因缘和合而成”的道理，教导人们不要偏激地执着于某一殊相。在揭示佛教真正意旨时，该经作者通过比较方式，先引出弥兰陀王与野惒罗的一段对话作为铺垫，然后再让那先出场，说出佛教的意旨，从而在正反强烈的对比中，让人深刻领悟佛教的世界观、人生观。

如在经文上卷中，作者这样写道：王问野惒罗出家的目的。野惒罗答道：是为了今世得福和后世得福。王又问：居家之人“行忠政（正）”“学佛道”，能得福否？野惒罗答道：可以。于是弥兰陀王便话锋一转，问道：既然如此，为何出家呢？野惒罗无言以对。这就表明，如果仅把佛教看作是获得个人幸福的手段，这是一种误解，于教理不通，于教旨不符。佛教乃是教人如何摆脱尘世的苦恼，进入涅槃的超越境界，从而获得真正的快乐。因此，当弥兰陀王再次问那先为何出家时，那先便回答是为了摆脱今世的痛苦，乃至后世的痛苦。痛苦的原因乃在于人有爱欲，家是爱欲滋生的温床，只有出家，才能脱离痛苦的有形温床，然后不断精进，达到泯灭爱欲之心的智慧境界，从而进入涅槃境界。这样，佛教对人世间的价值判断——人间是苦；佛教的宗旨——救赎世人沉沦之心；佛教的超越世界——泥洹境界与世俗世界对抗的张力，便在这一对比叙述中显示出来了。

从学术史的角度看，《那先比丘经》大抵上有两个方面的意义：第一是在印希文化交流史上的意义；第二是从中窥视出早期佛教在受希腊文明影响后的细微变化，即佛教由重视经律发展到重视“论”的变化。这可能是由小乘到大乘佛教发展变化的契机。

从文化交流史的角度看,《那先比丘经》比较细致地介绍了希腊与印度两大文明体系的思想对话过程，以宗教艺术的形式宣布了代表当时印度思想文化高峰的佛教思想的胜利。经文虽然主要是在阐述佛教思想，但由于是以对话方式阐述的，便不免要受到提问方的问题限制。从提问的顺序来看，大约是从认识人是什么的问题出发，然后到对佛教及其教徒沙门在人世间的作用，然后再渐次涉入佛教的基本概念及其意义，基本的教旨及其修行方法；并且在其中还穿插了一些自然知识。整体看来,《那先比丘经》带有鲜明的实证性倾向，其重点放在对“什么是什么”（What is something）和“某物为何是这样”（Why is something so that）的解释之上；佛教对世界的价值判断，佛教劝人超度及宣讲的超度方法，并没有在此经中被凸显出来。由此，我们似乎也可以明了此经为何在中国不受重视的某些原因。

从文化交流的心态来看,《那先比丘经》比较鲜明地反映了被征服地区人民的不服心理。作为一个异族统治的国王——弥兰陀，他可以用武力征服这个地区，但他最终被被征服地区的精神文化所折服。那先用佛教的胜义征服了弥兰陀王，象征了被统治地区人民精神上的胜利。同时，也通过弥兰陀王的“折服”，显示了佛教在当时的世界性意义。可以这样说，要研究希腊文明与印度文明的交流史，它们是如何交流的，在当时达到何种程度，涉及哪些核心思想，其间的差异性在何处，《那先比丘经》都是一部不可逾越的经典。

从研究部派佛教后期思想向大乘佛教转化的角度看，《那先比丘经》也是一部不可忽视的经典作品。在《那先比丘经》中，佛已经外化为无所不知、无所不能、无与匹敌的人格神了。佛教从无神论开始向有神论过渡，而且印度宗教史也开始向一神论渡进。这可能表明，佛教在佛灭三百多年后，经过其弟子及教团的传播，已经渐次取得主教的地位。而且，由于受到希腊实证思想的冲击，佛教更加重视思辨的严密性和说理的经验性，从而更加注重从知识论的角度来论证佛教的价值论思想。从论说的深刻性、细密性、通达性来说，《那先比丘经》超过了以往旧有的有部论师学说，它在譬喻和论理两个方面，对后来的佛教学说都有影响。

《那先比丘经》的作者及经文中的弥兰王其人

《那先比丘经》的作者究竟是谁，学术界并没有定论。有人认为就是那先（Nagasena），意译为龙军[②]；又，那先音译为那伽犀那。

关于那先其人的身世，有些学者做了考证、研究。

梁启超在《佛学十八篇·那先比丘经书》一文中说道：那先确有其人。并引用《梵网经述记》，进一步证明其为“罽宾”即迦湿弥罗（今克什米尔）人。曾著过《三身论》（已佚）。阿难陀根据《弥兰陀王问经》一书，对那先的身世做了较详细的介绍，认为那先是迦江迦罗（Kajangala）即中印度东部喜玛拉雅山附近一个小镇上的人，其父是婆罗门族人，名叫苏鲁达罗（Sonuttara）。那先在精通了《三吠陀经》以及历史等学问以后，就依罗诃长老（Rohana）研究佛经。后来又从伐陀利耶（Vattaniya）的阿沙库陀（As-agutta）学习，然后他被派往巴连弗邑专门研究佛教。最后他又到沙迦罗（Sagala）的僧佉耶寺（Sankheya Monastery），在该寺中会见了弥兰陀王。[3]

依北本《那先比丘经》看，那先的确先后师承过两位师父，只是名字与《弥兰陀王问经》不同。而且似乎有宿根，其舅父楼汉是一个已得阿罗汉道的沙门。那先十五六岁时师舅父，做小沙弥，后得四禅境界，对各种经典十分熟悉。来到和战寺（又译和禅寺），得二位师父，一曰颊波曰，一曰迦维曰。后因犯戒，被逐出寺门，独处山林修道，道成，回和战寺，不受欢迎，转入郡县巷道，传播佛教，声名大振。最后转入天竺舍竭国止泄坻迦寺，在此寺中，遇见前世相识的弥兰陀王。

也许，关于那先的出生有些神话成分。但其中的成道经历具有很大的可信性。不过，有些学者对那先其人是持怀疑态度的，认为是传说中的人物[④]。亦有学者说，在一切有部里，与弥兰陀王对话的乃是“提地迦比丘”[⑤]。在我看来，无论“那先”是否为真，但在印度部派佛教后期可能有一位佛教大师，曾与希腊人弥兰陀进行过对话，并且说服了这位“哲学王”，否则，就不会在部派佛教的不同派别的经典中以及民间佛教中流传这一故事了。在我们没有充分的证据证明此传说人物为假时，姑且相信这位佛教大师为真实的历史人物，只是要剥离加在他身上的神话光环就是了。

与那先这一人物不同，弥兰陀王乃是一真实的历史人物。弥兰陀王，英文为Menandros，布拉克里特文为Menemdra，梵文为Milindra，巴利文为Milinda，汉文有时译作“麦南德”“美南多罗斯王”“弥邻陀王”，皆音译也。他在位的时间大约是公元前一五五年至公元前一三〇年[⑥]。在弥兰陀王统治印度之前，希腊军队曾于公元前三七〇年入侵印度，但不久就被印度人击退。到阿育王后期，由于奢蜜多罗叛变，建立了巽加王朝，破坏了印度的统一。在巽加王朝（公元前一八五年至公元前七十五年）西北部，有很多少数民族入侵、骚扰，希腊人便是其中的队伍之一。据说，奢蜜多罗为了与阿育王比名声，愿以灭佛之恶名流传后世。而弥兰陀王则以护法的名义进攻巽加王朝，最后取得胜利。从《那先比丘经》的经文来看，弥兰陀王十分重视对当时印度各种教派学说进行研究，并以论辩方式驳倒各种宗派的思想，最后才碰到真正的佛教大师。

我们不知道弥兰陀王是如何驳倒印度各派宗教思想的，但从与那先的对话中可以看出，他大抵上运用矛盾法、实证法、类推法、分析法等手段，分别击倒其他各派思想。但由于那先运用了辩证法、譬喻法，避实就虚，以殊相譬殊相，最终化解了弥兰陀王凌厉的提问。从对话中我们可以看到，弥兰陀王是以希腊人的科学实证思维来理解佛教教义的。这位“哲学王”的提问，对促进佛教论理说的发展，起到他本人也不曾预料的作用。在佛教史上，把他看作是著名的护法王，是有一定的历史根据的。

注释：

①《我的佛教观》第七十页，池田大作著，潘桂明、业露华译，四川人民出版社，一九九〇年四月第一版。

②《饮冰室合集》专集第十四册之六十六《那先比丘经书》，梁启超著，上海中华书局印行。

③《印度古代的几位巴利文大师》，阿难陀著，见《现代佛教学术丛刊㊾·佛教人物史话》第二十七页，张曼涛主编，大乘文化出版社，一九七八年六月版。

④《印度哲学》第一二八页，〔印度〕德·恰托巴底亚耶著，黄宝生、郭良鋆译，商务印书馆，一九八〇年一月第一版。

⑤《印度佛教史》第三〇四页，〔英〕渥德尔著，王世安译，商务印书馆，一九八七年四月第一版。

⑥ 同⑤。

经典

1　象王听闻佛法

原典

佛在舍卫国[①]祇树给孤独园[②]时，诸比丘僧、比丘尼、优婆塞[③]、优婆夷[④]、诸天、大臣、长者、人民及事九十六种道者，凡万余人，日于佛前听经。佛自念：人众日多，身不得安。佛意欲舍人众去，至闲避处，坐思念道。佛即舍人众去。入山，至蘗树[⑤]间，其树大有神。佛坐其下，思念道。

去树不远，有群象五六百头。中有象王贤善，知善恶之事，譬如人状。象辈众，多周匝[⑥]象王边。诸小象走居前水中，走戏，托捞[⑦]水，令浊恶。诸小象复走居前食。啖美草[⑧]，走戏蹈践其上。我众大多患是[⑨]。

诸象及小象子托捞水，令浊恶，令草不净，而反常饥饮浊恶水，食足践之草。象王自念：我欲弃是诸象，去至一避处快[10]耶。象王即弃诸象而去，转行入山，到头罗[11]蔌树间。象王见佛坐树下，心大欢喜，即前到佛所，低头屈膝[12]，为佛作礼，却在一面住。佛自念：我弃众人，来在是树间；象王亦弃众象，来到是树间；其义这同！

佛为象王说经，言佛于人中最尊，象王于象中最尊。佛言：我心与象王心这相中[13]，今我与象王俱乐是[14]树间。象王听经，心意即开，解知佛意。象王即视佛所，仿佯[15]经行处，以鼻取水洒地，以鼻捞草扫地，以足蹈地[16]令平好。象王日[17]朝暮承事[18]佛如是。

注释

① **舍卫国：**地名，舍卫城，在今印度西北部拉普的河南岸。

② **祇树给孤独园：**又称“祇园精舍”。给孤独相传是舍卫城里的一个富商，因好施舍孤独之人而得此名。他皈依释迦之后，购买了祇陀太子的花园赠送给释迦。但祇陀太子只卖地面不卖园中之树，而树赠送给释迦，故称“祇树给孤独园”。后泛指佛教圣地。

③ **优婆塞：**在家奉持佛法的男子。

④ **优婆夷：**在家奉持佛法的女子。

⑤ **藂树：**丛树。藂，音 cóng，丛的异体字。

⑥ **周匝：**在周围环绕成一圈。

⑦ **托捞：**别本《那先比丘经》作“挠捞”，搅动之意。按：别本《那先比丘经》后缩“别本”。

⑧ **啖美草：**依“别本”，此句前后有漏译之处，且语次颇杂。

⑨ **患是：**有此缺陷。指人像众小象一样，既吃被搅浊的水而不知可恶，又以被践踏过的脏草为美食。这里是借群象生活喻人世间饮食不干净。

⑩ **快：**轻松愉快。

⑪ **头罗：**“别本”译作“校罗”。不知何树。

⑫ **佤头屈膝：**低头屈膝。佤，低之异体字；膝，膝之异体字。

⑬ **这相中：**这么合拍之意。这，按文意应写着“适”，恰恰之意。中，符合、合拍之意。

⑭ **是：**这也，指示代词。

⑮ **仿佯：**彷徉，原意游荡、徘徊貌。此处作从容来回走动之意。

⑯ **蹈地：**踏地、踩地。

⑰ **日：**每天，名词作副词用。

⑱ **承事：**侍奉。

译文

佛在舍卫国祇树给孤独园时，一日，诸多比丘僧、比丘尼、优婆塞、优婆夷、诸天、大臣、长者、一般人民以及九十六种外道的人，总共有一万多人，都在佛座面前听佛讲经。佛心想：众人聚在我处听法，成分越来越复杂，大多数的人既欢喜讲话，身心又难以安住。佛便想要舍离众人而去，到闲僻安静处所，静坐沉思，参悟大道。佛生此念后，便立刻舍离众人而去。走到山中，来到丛树林中，这些树颇有神异之气。佛坐在树下沉思，参悟大道。

离树不远之处，有一群大象约五六百头之多。其中有一位象王，看上去颇为贤德和善，能知晓何为善事何为恶事，如人一般。大象很多，大多数都围绕在象王身边。诸位小象则走到所居之地前面的水塘之中，嬉戏打闹，使水变得混浊恶臭。诸位小象又走到前面水塘里去喝水。一些在吃肥美之草，另一些在草地上奔跑践踏。我们众生的所作所为大多数都有类似的缺点（先把东西弄脏，然后自己又去吃）。

诸大象及小象搅动塘水，使之混浊恶臭，也使草地之草变脏，然而常常又在饥渴之时，去饮用浊臭之水，啃吃被践踏过后之草。象王心想：我要抛开众象，走到一个僻静之处愉快一些。象王立刻抛开众象而去，转入山中，来到了头罗丛树之间。当时，象王看见佛陀也坐在树下，心中大为欢喜，立刻走到佛陀之处，低头屈膝，向佛施礼，然后又退到一边而立。佛心想：我抛开众人，来到这些树丛中间，没想到象王也抛开众象，来到这些树丛之中，其中蕴含的意义如此这般相同！

佛陀于是为象王阐说经义，说佛是人间最尊贵的圣人，象王是象群中最尊贵的代表。佛说道：我心中所思与象王心中所想如此合拍，现在我就与象王一起在这片树林里快乐地生活。象王倾听了经典之后，心意立刻开通，理解了佛之微妙之意。象王环视佛所住之处，随即来回从容地走动，所到之处，用鼻喷水洒地，用鼻子卷住野草扫地，又用脚踩地，以使地面平整。象王朝暮侍候佛陀，天天如此。

2　象王听阿罗汉诵经

原典

佛久后般泥洹去。象王不知佛所在，为周旋行。求索佛不得，便啼垂泪，愁忧不乐，不能食饮。时国中有佛寺舍在山上，名迦罗洹寺。中有五百沙门常止其中，皆以①得阿罗汉道②。常以月八日、十四日、十五日、二十三日、二十九日、三十日，常以是日诵经，至明。

时象王亦在山上，止于寺中。象王知有六日诵经。至其日，当行入寺中，听经。诸沙门知象王意听经，欲诵经时，须象王来，乃诵经。象王听经至明，不睡不卧，不动不摇。

注释

① **以：**通“已”。

② **阿罗汉道：**小乘佛教修行所能达到的最高境界，它消灭了一切烦恼而进入了涅槃境界，是小乘佛教声闻四果中之第四果。

译文

过了很久之后，佛陀涅槃了。象王却不知佛陀到何处去了，仍然每天来到头罗树林，为之周旋而走。到处寻找佛陀不得，便啼哭流泪，忧愁不乐，以致不能饮食。当时，国中正好有座佛寺庙舍建在山上，其寺名叫迦罗洹寺。寺中有五百名沙门常常居住其中，这些沙门都证得了阿罗汉道。他们经常在每月八日、十四日、十五日、二十三日、二十九日、三十日等六斋日时，诵读经书，直到天亮。

当时，象王也在山上，正好住在某寺之中。象王知道有六天时间诵读经书。等到诵经之日，必定走到寺中，倾听众僧诵经。众位沙门知道象王想听经，每次诵读经书之时，一定等候象王来到，然才开始诵读经文。象王倾听经文直至天亮，既不瞌睡也不卧下，不动不摇。

3 象王转生人道

原典

象王数闻[①]经、承事佛故，后象王以寿命尽死，死后便化为人，作子生婆罗门家。

以后，年长大，不闻佛经，亦不见沙门，便弃家去，入深山，学异道[②]，在山上止。近比[③]亦有一婆罗门道人，俱在山上，相与往来，共为知识[④]。其一人自念言：我不能于世间悬[⑤]忧苦、老、病，死后当入地狱、畜生、饿鬼、贫穷中。用[⑥]是故，我欲剃头须，披袈裟，欲求罗汉泥洹[⑦]道。其有一人自念言：我愿欲求作国王得自在[⑧]，令天下人民随我教令。

如是，久后，二人各命尽，俱生世间作人。其一人前求作国王者，生于海边，为国王太子，字弥兰；其一人前世欲剃头作沙门、求罗汉泥洹者，生于天竺，字陁猎，与肉袈裟俱生其家，有一大象同日生。天竺名象为“那”，父母便字[⑨]为那先。

注释

① **数闻**：多次听到。

② **异道**：佛教以外的其他教派。

③ **近比**：紧邻、紧挨着。比，靠近之意。

④ **知识**：知心朋友。

⑤ **悬**：吊起来，此处引申为了结。

⑥ **用**：通“因”。

⑦ **泥洹**：“涅槃”。指燃烧烦恼之火灭尽，已完成悟智（指菩提）之境地。

⑧ **自在**：自由自在，无人管束。

⑨ **字**：命名、取名。

译文

由于象王多次倾听佛经、侍奉佛陀的缘故，后来象王因为年寿已高，命尽而死，死后便转生人道，作为某人之子而生于一个婆罗门的家中。

后来，年龄渐渐长大，没有倾听过佛经，也没有看过一个沙门，便抛开家人而走，来到深山之中，学习异道，在山上住了下来。靠近他住的地方也有一个婆罗门的道人，与他一同住在山上，互相往来，结为知心的朋友。他们俩之中有一人心想：我若不能断绝世间忧苦、衰老、疾病，死后必然堕入地狱、畜生、饿鬼、贫穷之中。因为这个缘故，我要剃掉头发，身披袈裟，追求进入罗汉涅槃的境界。另一个人心想：我宁愿求做一国之王，获得自由自在，并且使天下人民都要听随我的教化命令。

像这样的发誓之后，两人分别因年寿已尽而死，后又都转生世间再次为人。其中一个先前想要做国王的人，出生在海边，成为国王的太子，名字叫作弥兰；另一个生前想剃发做沙门、寻求罗汉涅槃之道的人，出生在天竺（印度），名字叫陁猎，出生时皮肤有纹，状似福田，仿佛肉披袈裟，有一头大象与之同日而生。天竺称象为“那”，父母便称其子为那先。

4　学道证果的那先

原典

年十五六，那先有舅父，字楼汉，学道作沙门，大高才，世间无比。已得阿罗汉道，能出无间，入无孔，自在变化，无所不作。天上天下人民及蠕动之类，心所念，皆豫知[①]之，生所从来，死趣何道。那先至舅父所，自说言："我喜佛道，欲作沙门，为舅父作弟子，宁可持我作沙门？"楼汉哀[②]之，即听[③]作沙弥，受十戒。日诵经，思维经戒，便得四禅[④]，悉知诸经要[⑤]。

时国中有佛寺舍，名和战。寺中有五百沙门，皆得罗汉道。其中有第一罗汉，名颇波曰，能知天上、天下，去来现在之事。

那先年至二十，便受大沙门经戒，便到和战寺中，至颈波曰所。时五百罗汉这[6]以十五日说大沙门戒经，在讲堂上坐。大沙门皆入，那先亦在其中。诸沙门悉坐，颈波曰悉视坐中诸沙门，心[7]皆是罗汉，独那先未得罗汉。

颈波曰言：“譬若锡米[8]，米正白，中有黑米，即剔，为不好。今我坐中，皆白清净，独那先黑，未得罗汉耳！”那先闻颈波曰说如是，大忧愁！起，为五百沙门作礼。出去自念：我不宜在是座中坐，譬若众师子[9]中有狐狗。我从今以后，不得道，不入中坐。颈波曰知那先意，以手摩那先头言：“汝得罗汉道不久，莫愁忧。”便止留那先。

那先复有一师，年八九十，字迦维曰。其中有一优婆塞，大贤善，日饭迦维曰。那先主[10]为师持钵，行取飦食具，师令[11]那先口含水行，到优婆塞家，取飦食具。优婆塞见那先年少端正，与人绝异！有名字、智慧[12]，广远有志，能说经道。优婆塞见那先前[13]，为作礼，叉手言：“飦[14]诸沙门日久，未曾为我说经者。今我从那先求哀[15]，愿与我说经，解我心意。”

那先自念：我受师教戒，令我口含水，不得语。我今吐水者，为犯师要，如是当云何[16]？那先知优婆塞亦高才有志，我为其说经，想即当得道。

那先便吐水却坐[17]，为说经言：“人当布施作福善，奉行佛经戒，死后生世间，得富贵。人不犯经戒者，后不复入地狱、饿鬼、畜生中，贫穷中，得生天上。”优婆塞闻那先说经，心大欢喜。那先知优婆塞心欢喜，便复为说经：世间万物皆当过去，无有常。诸所作皆勤苦，万物皆不得自在。泥洹道者，不生不老，不病不死，不愁不恼，诸恶勤苦皆消灭。

那先说经竟，优婆塞得第一须陁洹道[18]，那先亦得须陁洹道。优婆塞大欢喜，便极与那先作美飰具[19]。那先语优婆塞先取飰具置师钵中。那先飰竟，澡漱讫毕，持飰具还与师。师见言：“汝今日持好飰具来，以犯[20]众人，要当逐出汝[21]。”那先大愁忧，不乐。师教言：“会[22]比丘僧。”悉[23]会，皆坐。师言：“那先犯我曹[24]众人要，来当[25]逐出，无令在众中止。”颇波曰说经言：“譬若人持一箭，射中两准[26]；那先自得道，亦复令优婆塞得道，不应逐出。”师迦维曰：“政使[27]一箭射中百准，会为[28]犯众人要，不得止。余人持戒，不能如那先得道，如效那先，当用绝后[29]。”众坐中皆默然。师教即逐出那先。

那先便以头面[30]礼师足。起，遍为比丘僧作礼。讫竟，便出去。入深山，坐树下，昼夜精进，思维道不懈，自成[31]，得罗汉道，能飞行，彻视彻听，知他人心所念善恶，自知前世所更从、来生[32]。得罗汉道已，便来还入和战寺中，诣[33]诸比丘所前，头面悔过，求和解。诸比丘僧即听之。

注释

①**豫知**：预知。

②**哀**：怜悯。

③**听**：任凭、随某人之意。

④**四禅**：第四禅天的境界，已脱离八灾患（寻、伺、苦、乐、忧、喜、出息、入息等八种能动乱禅定之灾患），故也称为不动地。

⑤**要**：精义、核心之义。

⑥**这**：“别本”译作“适”。适，恰好、正逢。“别本”更准确。

⑦**心**：心中以为，用“心”观照。名词动用。

⑧**锡米**：丽刻本作“扬米”，“别本”译作“折米”。当以丽刻本为准。或“别本”折米应写作“择米”，则亦可。

⑨**师子**：狮子。

⑩**主**：丽刻本作“旦”。依丽刻本。

⑪**今**：丽刻本作“令”。依丽刻本。

⑫**有名字、智慧**：此句颇为不通，无法断句。“别

本”译作“宿知有慧，预闻有明志之名”。依上下文，“别本”更为准确。此句下“广远有志”大约为“预闻有明志之名”意的误译。

⑬ **前**：前来、走近。

⑭ **飰**：“饭”字。为某人供饭。名词动用。

⑮ **求哀**：哀求、苦苦请求之意。

⑯ **当云何**：怎么说、怎么交代。

⑰ **却坐**：“别本”作“而坐”。依“别本”。

⑱ **须陁洹道**：指断尽三界之见惑，意为开始进入圣道，可以译“入流”，是小乘佛教修行所达到的四种道果之一，声闻四果的“初果”。

⑲ **飰具**：饭菜。

⑳ **以犯**：“以之犯”之省略语。“之”代指美味饭菜。

㉑ **汝**：你。

㉒ **会**：集合、召集。

㉓ **悉**：全部、都。

㉔ **曹**：辈。

㉕ **来当**：理应。

㉖ **准**：目标、靶子。

㉗ **政使**：即使、纵使。

㉘ **会为**：总之都是。

㉙ **当用绝后：** 应该因此行为而断绝日后修行。由此见迦维曰尤重教之戒律。

㉚ **头面：** 完全弯下腰，跪下以头脸触挨，意为极虔诚。

㉛ **自成：** 自我修炼，证成正果。

㉜ **能飞行……更从、来生：** 此句为证得阿罗汉的六种神通：

（一）神足通：能飞行自在，随心所欲现身之能力。

（二）天眼通：能见六道众生生死苦乐之相，及见世间一切种种形色，无有障碍。

（三）天耳通：能闻六道众生苦乐忧喜之语言，及世间种种之音声。

（四）他心通：能知六道众生心中所思之事。

（五）宿命通：能知自身及六道众生之百千万世宿命及所做之事。

（六）漏尽通：断尽一切三界见思惑，不受三界生死，而得漏尽神通之力。

㉝ **诣：** 来到。

译文

等到长成十五六岁时，那先有一个舅父，名字叫作楼汉，出家学道成为沙门，其人是旷世高才，世间无人能与之相比。并且已经证得阿罗汉道，能够从密封无间之中出来，也能钻进没有孔穴的器物之中，自由自在地变化，没有什么不能做到。天上天下的人民以及蠕动之类的东西，只要他心中有所思念，都能预先知晓他们从何处而来，死后又趋向何处。那先走到舅父的住处，自己申说道："我喜欢佛所阐述的大道，要求成为沙门，做舅父的弟子，能否同意让我做沙门？"楼汉十分同情他的要求，立刻就让他出家做小沙弥，先受十戒。然后每天诵读经文，思维佛经戒律，不久便证得四禅，全部知晓各部经典的精义。

当时，国中有座佛教寺院，名字叫作和战寺。寺中有五百名沙门，都已证得阿罗汉道。其中有第一阿罗汉，名字叫颇波曰，能够知道天上、天下，过去、未来、现在的事情。

那先年满二十之时，便已接受了大沙门的经戒，来到和战寺之中，到颇波曰住的地方了。一日，正值十五，是僧团的布萨日，五百阿罗汉齐聚于讲堂听戒。大沙门都进去了，那先也夹杂在其中。诸沙门都坐下之后，颇波曰环视座中诸沙门，知道他们皆是阿罗汉，唯独那先还没有证得阿罗汉道。

颇波曰为刺激那先便说道："譬如人们择米，所有的米都是正等白米，其中有一粒黑米，人们就会立刻剔去这粒黑米，因为它是粒坏米。现在我的座位之中，都是清净白米，唯独那先是粒黑米，尚未证得阿罗汉道啊！”那先听到颏波曰这般地说法，心中大为忧愁！赶紧站起来，向五百沙门施礼。出去后心中想道：我不应该坐在众人之中，所有在座比丘，都已证得解脱，成就阿罗汉道，唯独我例外。这仿佛是座中众位皆是狮子，忽而其中夹杂着一条狐狸、野狗一般。我从此以后，若不能证得解脱道，决不进入众人之中而坐。颏波曰早已知晓那先心意，用手慈悲地摩弄那先头顶说道：“不久的将来，只要你努力，就可以证得阿罗汉道，不要忧愁。”于是便挽留那先住下。

那先还有一位师父，年届八九十岁了，名字叫迦维曰。众人之中有一位优婆塞，十分贤德和善，每天为迦维曰大师提供斋饭。那先要为师父持钵取饭的时候，师父命令那先口中含水，走到优婆塞家，去取回饭食。优婆塞看见那先年少端正，与一般人大为不同！很早就听说他的名声和智慧，胸襟广阔辽远，颇有大志，能够阐发经中的大道。优婆塞看到那先前来，赶紧向他施礼，并合掌说道：“供养诸位沙门斋饭已有很长时间了，不曾有一个沙门向我阐说经中大道。现在我向那先请求，但愿能向我阐述佛经，解开我心中的迷惑愚暗。”

那先心中想道：我已接受了师父的教诫，他命令我口中含水，不许说话。我现在若是吐出口中之水，便是违背了师命，这又该怎么说呢？那先知道优婆塞也是高才有志之士，我若向他阐说经意，想必他立刻便可得道。

于是那先便吐出口中之水并坐下，替优婆塞阐述经意道："人应当布施做一些福善之事，奉行佛的经律教戒，死后再转生人间，便能得到富贵之福。人若不违犯经律戒律，死后就不再堕入地狱、饿鬼、畜生道中，或贫苦穷困之中，就可以生于天上享乐。"优婆塞听到那先所说之经，心中大为欢喜。那先也知道优婆塞心中欢喜，便又为他阐述较深的经义：世间万事万物都必然会流逝灭亡，没有一事是常住不变的。各种所作所为都很辛勤劳苦，万物都不能自由自在。唯有证入涅槃之道，就意谓着不再转世而生，也不衰老，没有疾病，也不会死亡，没有忧愁，也没有烦恼，唯有灭除各种恶念和招致苦的原因，才能脱离无尽的轮回，获得真如的快乐。

那先说完经义之后，优婆塞即证得了第一须陁洹道，那先也因此而证得了须陁洹道。优婆塞十分欢喜，便极力给那先做出美好的饭菜。那先对优婆塞说先取饭菜放在师父的钵中。那先吃完饭，洗脸漱口完毕，便手持饭菜而回交给师父。师父看到那先说道："你今天虽拿回美好饭菜，可是你已违犯僧团的规定，以之冒犯众人，应该把你驱逐出去。”那先大为忧愁，心中不乐。师父命令道：“集合大众比丘。”大众都集合起来了，全部坐定了。师父说道：“那先不禀师教冒犯了我辈众人之约法，理应将他驱逐出去，不要再让他在众人中住下。”颇波曰借经文替那先求情说道：“譬如人用一支箭，射中两个目标物；那先自己得道，又使优婆塞也得道，这是十分难得之事，不应该逐出那先。”师父迦维曰说道：“即使一箭射中一百个目标物，总而言之都是违犯了众人之约，就得接受处罚，不能再住在此处。其他各人务必持戒，不能像那先一样，如果有人敢效法那先，为维持法纪的尊严应该如那先一样立即将之逐出僧团，不予共住。”座中众人，都沉默不语。师父命令立即逐出那先。

那先便虔诚地弯下腰，以头顶礼师父之脚以示忏悔。起身之后，又遍向诸位比丘僧作礼。之后便走出和战寺。进入深山之中，坐在树下，昼夜努力精进向道，不敢懈怠，最后终于证得阿罗汉道，能够飞行，自由无碍，得到了天眼通、天耳通及能遍知六道众生心中所思的他心通，也证得了宿命通和断尽三界的见思惑，不受生死的漏尽通。证得阿罗汉道之后，便又回到和战寺中，到诸位比丘居住之处虔诚地忏悔往昔之过，以期求得他们的理解。诸位比丘当即表示欢迎，并听随他本人之便。

5　那先游化人间

原典

那先作礼讫竟，便出去。转行入诸郡县，街曲、里巷，为人说经戒，教人为善。中有受五戒者，得须陁洹道者；中有得斯陁含道①者；中有得阿那含道②者；中有作沙门，得罗汉道者。第二忉利天③帝释，第七大土梵，第四天王，皆来到那先所，作礼，以头面着足、却坐④。那先便为诸天说经，名字闻四远。那先所行处，诸天、人民、鬼神、龙，见那先，无不欢喜者，皆得其福。

那先便转到天竺舍竭国⑤，止泄坘迦寺中。

注释

① **斯陁含道：** 小乘佛教声闻四果中的第二果。其

从人间生于天界，又从天界生于人间。由欲界九品之修惑，遂须在欲界中生死七次，即在人、天中各受七生。

② **阿那含道：**小乘佛教声闻四果中的第三果。其断尽欲界九品修惑中之后三品，而不再返至欲界受生之阶位。因其不再返至欲界受生，故称为不还。

③**忉利天：**又作三十三天，帝释天在中央，其四方各有八天，合为三十三天。此天位于欲界六天中之第二天。

④ **却坐：**此处意为退到一边坐下。

⑤ **舍竭国：**印度古国名。《大唐西域记》中作“奢羯罗”。属磔迦国旧城。东据毗播奢河，西临信度河，盖为迦湿弥罗（罽宾）东南境内的大国。依梁启超释，见《饮冰室合集》专集第十四。

译文

那先行礼完毕之后，便又辞别了和战寺。转而走到各郡县，在街曲、里巷之中，为一般人阐说佛经戒律，教导人们一心向善。在所教的人当中，有接受五戒的人，有的证得了须陀洹道；也有证得斯陀含道的人；也有证得阿那含道的人；甚至还有出家做沙门，而证得阿罗汉道的人。第二忉利天的天帝释，第七天的梵天王，还有第四天的天王等，都来到那先的住所，向他施礼，虔诚地以头顶礼那先之足，然后退到一边坐下。那先便为诸天王阐说佛经要义，从此那先的声名传播四方。那先所到之处，诸天、人民、鬼神、龙等，见到那先，无不欢喜，都获得福报。

那先便又转到天竺的舍竭国，住在泄坻迦寺之中。

6　弥兰王论破野惒罗

原典

有前世故知识[①]一人，在海边作国王子，名弥兰。弥兰少小好读经，学异道，悉知异道经法。异道人无能胝者[②]。弥兰父王寿尽，弥兰立为王。王问左右边臣言[③]：“国中道人及人民，谁能与我共难[④]经道者？”边臣白言：“有学佛道者，人呼为沙门。其人智慧妙达，能与王共难经道。北方大臣国[⑤]，名沙竭[⑥]，古王之宫。其国中外安隐[⑦]，人民皆善；其城四方皆复道[⑧]行，诸城门皆刻镂[⑨]；及余小国，皆多高明。人民被服，五色焜煌[⑩]；国土高燥，珍宝[⑪]众多；四方贾客卖买，皆以金钱[⑫]；五谷丰贱[⑬]，家有余畜，乐不可言。”

其王弥兰，以正法治国，高才有智谋，明于官事；

战斗之术，无不通达；能知九十六种道，所问不穷，人适发言，便豫知其所趣[14]。王语傍臣言："是间宁有[15]明经沙门，能与我共难经说道者不？"王傍臣，名沾弥利望群，白王言："然。有沙门，字野恕罗，明[16]经道，能与王难经道。"

王便敕沾弥利望群即行，往请野恕罗，言大王欲见大师。野恕罗言："王欲相见者，大善。王当自来耳！我不往。"沾弥利望群即还，白王如是。

王即乘车，与五百伎[17]共行到寺中，与野恕罗相见。前相问讯[18]，就坐。五百骑从皆坐。

王问野恕罗："卿用何等故，弃家捐妻子，剃头须，被袈裟，作沙门？卿所求何等道？"

野恕罗言："我曹学佛道，行中正，于今世得其福，于后世亦得其福。用是故，我剃头须，被袈裟，作沙门。"

王问野恕罗："若有白衣居家，有妻子，行中正，于今世得其福，于后世亦得其福不？"野恕罗言："白衣[19]居家，有妻子，行中正，于今世得其福，于后世亦得其福。"

王言："卿空弃家，捐妻子，剃头须，被袈裟，作沙门为？"野恕罗默然，无以报王。

王傍臣白言："是沙门大明达，有智者，迫促不及言耳。”王傍臣皆举手言：“王得胜！”野惒罗默然受负[20]。王左右顾视[21]，优婆塞面亦不惭。王自念：是诸优婆塞面不惭者，复有明健[22]沙门能与我共相难者耳？王语傍臣沾弥利：“宁复有明智沙门能与我共难经道者无[23]？”

那先者，诸沙门师。知诸经要难，巧说十二品经，种种别异章、断句，解知泥洹之道。无有能穷者，无能胜者。智如江海，能伏九十六种道，为佛弟子所敬爱，以经道教授[24]。那先来到舍竭国，其所相随第子[25]，皆复高明。那先如猛师子[26]。

沾弥利白[27]王：“有沙门，字那先。智慧微妙，诸经道要，能解人所疑，无所不通，能与王难经说道。”王问沾弥利：“审[28]能与我共难经道不？”沾弥利言：“唯然[29]。常与第七梵天共难经说道，何况于人？”王即敕沾弥利，便行请那先来。沾弥利即到那先所，白言大王欲相见。那先言：“大善！”即与弟子相随行，到王所。

王虽未尝见，那先在众人中披服行步，与人有绝异！王遥见，隐知[30]那先。王自说言：“我前后所更见众大多，入大坐中大多，未尝自觉恐怖，如今日见那先。今日那先定胜我。我心惶惶不安。”

沾弥利居前[31]，白王言：“那先以发，旦到。”王即问沾弥利，何所[32]是那先者？沾弥利白，因指示王[33]。王即大欢喜："正我所隐意是。"

注释

① **故知识**：旧相识、老朋友。

② **无能朊者**："别本"作"无能胜者"。丽刻本"朊者"亦作"胜者"。

③ **言**：道。

④ **难**：互相辩论。

⑤ **北方大臣国**："别本"作"今在北方大秦国"。依"别本"。

⑥ **名沙竭**："别本"作"国名舍竭"。依上文意，沙竭应作"舍竭"，正与那先行程相符。

⑦ **安隐**：以隐居（实际为出家）为安。此乃中国人以自己文化中"隐士"来理解、翻译印度的出家人。

⑧ **复道**：指楼阁之间上下两重通道而最上层者，称之为"复道"。此处主要是用来说明该国繁荣与发达。

⑨ **刻镂**：雕刻。

⑩ **人民被服，五色焜煌**：形容人民穿着，特别光彩灿烂。焜煌，灿烂耀眼。此句亦是汉译的习惯。中国人总以为野蛮的少数民族，不穿衣或穿兽皮。人民被

服，乃是高度文明的象征。

⑪ **珍宝：**珍贵的宝物。

⑫ **皆以金钱：**皆以铜钱作为流通货币，形容该国经济发达。金，此处为铜。钱，作为钱，动词。

⑬ **丰贱：**丰收而价贱之意。

⑭ **所趣：**所趋，意为想什么、要到达何处、有何目的等。

⑮ **是间宁有：**是间，指弥兰王国中之国舍竭国中。宁有，岂有、有没有。

⑯ **明：**通晓。

⑰ **五百使：**“别本”作“五百骑”。依“别本”。

⑱ **问讯：**问讯、寒暄之意。

⑲ **白衣：**一般的人。印度人在家均穿白衣。

⑳ **受负：**承受失败。

㉑ **顾视：**回头看。

㉒ **明健：**“别本”作“明经健沙门”。意为通达善于辩论的和尚。

㉓ **无：**语助词，相当于“吗”。

㉔ **以经道教授：**“别本”作“以经道教授人”，语义更完整，依“别本”。

㉕ **第子：**应作“弟子”。

㉖ **猛师子：**猛狮子。

㉗ **白：**告诉。

㉘ **审：**的的确确、真的。“审能……不”句式意为“真的能……吗”。

㉙ **唯然：**的确是这样。

㉚ **隐知：**暗中就知道了。

㉛ **居前：**先走了。

㉜ **何所：**哪一位。

㉝ **指示王：**指给王看。指示，指某（人或物）以给某（人）看。

译文

此时，有前世的旧相识一人，在海边做国王的太子，名字叫作弥兰。弥兰从小就爱好读经，学习外道道术，通晓全部外道道术的经典及其纲要。外道道人没有一人能够战胜他。弥兰的父亲寿终正寝之后，弥兰便立为国王。弥兰王向左右两旁的大臣问道：“我国之中得道之人以及其他的人民，有谁能够与我共同辩驳论说经义吗？”旁边大臣回答道：“有学习佛道的人，人们称他们为沙门。这些人颇具智慧，高妙通达，能够与大王共同辩驳论说经义。他们在北方大秦国，名字叫舍竭，它乃是古代帝王之宫。该国内外都安于隐居，人民都十分和善；它的城池四周都有复道相通，各边城门都有雕梁画栋；及至其国中其他小国，也都有许多高明人士。人民穿着的衣服，色彩光辉灿烂；国土因地势高处而干燥，珍宝十分众多；四方商人做生意，在此地都用铜钱作为流通货币；五谷丰收而粮价低贱，家家都有积余，人民生活乐不可言。”

这里所说的弥兰王，他以正法治理国家，才华横溢且有智谋，对于政府管理之事明察通达；各种战斗之韬略，没有一样不精通；能够知晓九十六种外道道术之精义，所有疑问不能难倒他，人只要从他身边经过说些话，他便能预知此人的意思及其目的。王对身边的大臣说道：“这其中有明白经典要义的沙门，能与我共同驳难论说经义的吗？”王的旁臣，名字叫沾弥利望群的人，向王进言道：“肯定有。有一位沙门，名字叫野恕罗，明晓通达经义，能够与王共同驳难论说经义。”

弥兰王立刻便下诏命沾弥利望群动身，去请野恕罗，说大王要见大师。野恕罗说道：“大王要想相互见面的话，很好。但王应当自己来啊！我可是不去的。”沾弥利望群立即回来，如实地把这番话告诉了大王。

弥兰王立刻乘车，与五百随从一道走到寺中，与野恕罗会见。上前相互寒暄问讯，然后各自就座。五百随从也都坐下。

王便问野恕罗道：“卿因何缘故，抛开家庭舍弃妻子儿女，剃掉头发，身披袈裟，做起沙门来？卿所追求的究竟是什么样一种人生境界？”

野恕罗说道：“我辈学习佛道，以中道作为行为准则，在现世可以获得此一做法的好处，在后世也可以获得此一做法的福泽。因为这些缘故，我剃掉头发，身披袈裟，成为沙门。”

王向野恕罗问道：“假若有在家学佛的居士居于家中，虽有妻子儿女，也能持守中道，在现世能获得好处，在后世也能获得福泽吗？”野恕罗回答道：“在家学佛的居士居于家中，勤修佛法，虽有妻子儿女，在现世能获得好处，在后世也能得其福泽。”

王又问道：“既然如此，卿为何又白白地抛开家庭，捐弃妻子儿女，剃掉头发，披上袈裟，出家做沙门呢？”野恕罗沉默不语了，不知如何回答王的提问。

弥兰王的旁臣向王说道：“这位沙门乃是十分明达有智慧之人，因为一时紧迫仓促回答不上来罢了。”但是王的其他旁臣都举起手说道：“大王得胜啰！”野恕罗沉默无语承认失败。弥兰王左右前后巡视，在座的优婆塞脸上并没有惭愧的颜色。王心中想道：这些优婆塞面颜没有惭愧之色，难道还有明慧机智的沙门能和我共相诘难论道的吗？王对旁臣沾弥利望群说道：“是不是还有明达智慧的沙门能与我共同诘难论道呢？”

那先，现在是诸沙门的老师了。他通晓各经要点与难点，能巧妙地阐述十二部经，以及对种种别本异本的篇章、各种句子，理解知晓涅槃之道的奥秘。没有一个人能穷尽他的知识，没有一个人能战胜他。他的智慧如江河海洋一般宽广深奥，能够制伏九十六种外道，被佛弟子所敬爱，凭借对经道的圆融知识而成为教授。那先来到舍竭国之时，其所跟随而来的弟子，个个都是高明之人。那先常常讲经弘法，教人善法，辩才勇猛，能做狮子吼。

沾弥利望群回答王道：“有位沙门，名字叫那先。他智慧精微绝妙，通晓各部经典的核心思想，能够解答人们心中所疑，无所不通，能够与王辩论经义。”弥兰王问沾弥利望群道：“真的能与我共同辩论经义吗？”沾弥利望群说道：“的确如此！他常常与第七梵天一起辩论经义，更何况是与人间之王呢？”王立即下诏命沾弥利望群去请那先前来。沾弥利望群迅速来到那先之处，向那先说道大王想要见他。那先说道：“很好！”即刻便与弟子一道，来到弥兰王的住处。

王虽然未曾见过那先模样，但那先在众人中所着之装，所走之步履，与其他人大不相同！王远远地看着，心中已猜测到了谁是那先。王自言自语地说道：“我前前后后所见的人很多，大多数都属于平庸之辈，大多数都未曾使我感到恐怖，如今日遥见那先这般。今天那先一定会战胜我。我心中感到惶惶不安。”

这时沾弥利望群走上前来，向王报告道：“那先已经出发，立刻便到。”王立即问沾弥利望群，哪一位是那先？沾弥利望群立即回答，因之指出那先让王看到。王立即大为欢喜，说道：“正是我心中所猜的那位！”

7 王初见那先，问卿尊姓大名

原典

那先即到。王因前，相问讯语言，王便大欢喜。因共对坐。

那先语王言[①]："佛经说言：'人安隐，最大利；人知足，最为大富；人有所信，最为大厚；泥洹道，最为大快。'"王便问那先："卿字何等[②]？"那先言："父母字我为那先，人呼我为那先，有时父母呼我为首罗先[③]，有时父母呼我为维迦先。用是故，人皆识知[④]我，世间人皆有是[⑤]耳。"

王问那先："谁为那先者？"王复问言："头为那先耶？""不为那先。"王复言："耳、鼻、口为那先耶？""不为那先。"王复言："颌项[⑥]、肩臂、手足为那先耶？”“不为那先。”王复言：“胜脚[⑦]为那先耶？”“不为那先。”王复言：“颜色为那先耶？”“不为那先。”王复言：“苦乐为那先耶？”“不为那先。”王复言：“善恶为那先耶？”“不为那先。”王复言：“身为那先耶？”“不为那先。”王复言：“肝肺、心脾、肠胃[⑧]为那先耶？”“不为那先。”王复言：“颜色为那先耶？”“不为那先。”“苦乐、善恶、身心合是事[⑨]，宁为那先耶？”言：“不为那先。”王复言：“无有苦乐，无有颜色，无有善恶，无有身心，无是五事，宁为那先耶？”那先言：“不为那先。”王复言：“声向、喘息，宁为那先耶？”言：“不为那先。”“何等为那先者？”

那先问王：“何所为车者？轴为车耶？”“不为车。”那先言：“辇[⑩]为车耶？”王言：“辇不为车。”那先言：“辐为车耶？”“不为车。”那先言：“辋[⑪]为车耶？”“不为车。”那先言：“辏[⑫]为车耶？”“不为车。”“轭为车耶？”“不为车。”那先言：“轝[⑬]为车耶？”“不为车。”那先言：“盖为车耶？”“不为车。”那先言：“合聚是材木着一面，宁为车耶？”“不为车。”那先言：“音声为车耶？”“不为车。”那先言：“何等为车耶？”王默然不语。

那先言：“佛经说：‘合聚是诸材木用作车，因得车。’人亦如是，合聚头、面、目、耳、鼻、口、颈项、肩臂、骨肉、手足、肺、肝、心、脾、肾、肠胃、颜色、声向、喘息、苦乐、善恶，合为一人。”王言：“善哉！善哉！”

注释

①**语王言：**对王说道。

②**何等：**是什么。

③**首罗先：**丽刻本作“首那先”。罗、那，音近。

④**识知：**认识。

⑤**是：**此处指代“名字”。意为像我那先这样，有一个名字，别人可以称呼。

⑥**頣项：**应作“颈项”。

⑦**胜脚：**胜，音 bì，股也，大腿。腿脚是也。

⑧**肠胃：**今应写作“肠胃”。

⑨**是事：**这些部分、物事。

⑩**輩：**应是“辇”字。

⑪**輌：**应作“辋”字。

⑫**軲：**应是“辕”字。

⑬**轝：**应是“舆”字。

译文

那先即刻便来到跟前。王因之立即迎上前去，相互寒暄问讯作礼，王便感到大为欢喜。因此共同相向而坐。

那先对王说道：“佛经上说道：‘人心安稳，是为最大好处；人若知道满足，是为最大的富贵；人若有所诚信，便是最大的厚道；人证涅槃，是最大的快乐。’”王便问那先：“卿尊姓大名如何称呼？”那先说道：“父母给我取名为那先，人们叫我为那先，有时候父母也叫我为首那先，有时候又称我为维迦先。因为这一缘故，人们都能够认识我，世人都像我这样，有个名字，那不过是方便称呼的假名罢了。”

王问那先：“那先是指什么呀？”王又问道：“是头叫那先吗？”（那先回答道：）“头不是那先。”王又说道：“耳、鼻、口是那先吗？”“不是那先。”王又说道：“颈项、肩臂、手足是那先吗？”“不是那先。”王又说道：“腿脚是那先吗？”“不是那先。”王又说道：“颜面容貌是那先吗？”“不是那先。”王又说道：“苦乐是那先吗？”“不是那先。”王又说道：“善恶是那先吗？”“不是那先。”王又说道：“身躯是那先吗？”“不是那先。”王又说道：“肝肺、心脾、肠胃是那先吗？”“不是那先。”王又说道：“颜面容貌是那先吗？（此语为衍文，上已问过）”“不是那先。”王又说道：“苦乐、善恶、身心，共同合起诸件物事，能否成为那先吗？”那先说道：“不是那先。”王又说道：“没有苦乐，没有颜面容貌，没有善恶，没有身心，没有这五种物事，能否成为那先吗？”那先说道：“不是那先。”王又说道：“声响、喘息，是那先吗？”那先说道：“不是那先。”王问道：“那么究竟什么东西是那先呢？”

那先问王道：“什么是车呢？车轴就是车吗？”王回答道：“不是车。”那先说道：“辇是车吗？”王说道：“辇不是车。”那先说道：“辐是车吗？”“不是车。”那先说道：“辋是车吗？”“不是车。”那先说道：“辕是车吗？”“不是车。”“轭是车吗？”“不是车。”那先说道：“舆是车吗？”“不是车。”那先说道：“盖是车吗？”“不是车。”那先说道：“共同将这些材木的某一方面特点加起来，岂就是车了吗？”“不是车。”那先说道：“轮子滚动所发出的音声是车吗？”“不是车。”那先说道：“那么什么才是车呢？”弥兰王一时语塞，沉默不言了。

那先接着说道：“佛经上说道：‘综合这些材质的功能因而成为车之功能，因而得到我们想要的完整之车。’人也是这样，必须综合头、面、目、耳、鼻、口、颈项、肩臂、骨肉、手足、肺、肝、心、脾、肾、肠胃、颜色、声响、喘息、苦乐、善恶，然后才合聚成为一个完整的人。”王说道：“说得好哇！说得好哇！”

8 以智者提问便与王对答

原典

王复问言："那先能与我难经说道不？"那先言："如使王作智者问，能相答；王作王者问、愚者问，不能相答。"①王言："智者问、王者问、愚者问，何等类？"那先言："智者语，对相诘，相上语，相下语。语有胜负，则自知，是为智者语；王者语，自放恣②，敢有违戾③不如王言者，王即强诛罚④之，是为王者语；愚者语，语长不能自知，语短不能自知，㦬戾⑤自用，得胜而已，是为愚者语。"王言："愿用智者言，不用王者、愚者言。莫持王者意与我语，当如与诸沙门语，当如与诸弟子语，如与优婆塞语，当如与给使者语，当以相开悟。"那先言："大善！"

王言：“我欲有所问。”那先言：“王便问。”王言：“我已问。”那先言：“我已答。”王言：“答我何等语？”那先言：“王问我何等语？”王言：“我无所问。”那先言：“我亦无所答。”

王即知那先大明慧。王言：“我甫始[6]当多所问，日反欲冥[7]，当云何？明日当请那先于宫中善相难问。”沾弥利望群即白那先言：“日暮，王当还宫。明日，王当请那先。”那先言：“大善！”王即为那先作礼，骑还归宫。于马上续念那先至。

明日[8]，沾弥利望群及傍臣白王言：“当请那先不？”王言：“当请。”沾弥利望群言：“请者，当使与几[9]沙门俱来？”王言：“自在那先与几沙门俱来。”主藏者，名悭，悭白王言：“令那先与十沙门共来可。”如是至三。王嗔恚[10]，言：“何故齐[11]令那先与十沙门共来？”王言：“汝字悭，不妄[12]。强[13]惜王物。自汝物，当云何？汝逆我意，当有诛罚之罪。可[14]。言可哀，赦汝过。今我作国王，不堪[15]飰沙门耶？”悭大恐怖，不敢复语。

沾弥利望群到那先所，为作礼，白言大王请。那先言：“王当令我几沙门共行？”沾弥利望群言：“自在[16]那先与几沙门共行。”那先便与野恕罗八十沙门共行。沾弥利望群旦欲入城时，于道中，并问那先：“往日对王言'无有那先'何以[17]?"那先问沾弥利望群:"卿意何所为那先者?"沾弥利望群言:"我以为喘息、出入、命气为那先。"那先问言:"人气一出,不复还入;其人宁复生不?"沾弥利望群言:"气出不复还入者,定为死。"那先言:"如人吹笳[18],气出不复还入。如人持鍜金箭[19]吹火,气一出时,宁得复还入不?"沾弥利望群言:"不复还。"那先言:"同气出不复入,人何故犹不死?"沾弥利望群言:"喘息之间,我不知。愿那先为我曹解之。"那先言:"喘息之气,皆身中事,如人心有所念者。舌为之言,是为舌事;意有所疑,心念之,是为心事。各有所主,视之虚空无有那先[20]。"沾弥利望群心即开解,便作优婆塞,受五戒。

那先便前入宫,到王所,上殿。王即前,为那先作礼而却[21]。那先即坐,八十沙门皆共坐。王手[22]自持美飰食,着[23]那先前。飰食已竟,澡手(水[24])毕讫。王即赐诸沙门,人一张叠袈裟,草屣各一量[25];赐那先、野恕罗各三领袈裟,各一量草屣。王语那先、野恕罗言:"留十人共止,遣[26]余人,皆令去。"那先即遣余沙门去,与十人共止留。王敕:"后宫诸贵人、伎女[27]悉出,于殿上帐中听我与那先共难经道。"时贵人、伎女悉出,于殿上帐中听那先说经。

时王持座[28]坐于那先前。王问那先言：“当道说何等？”那先言：“王欲听要言者，当说要言。”

注释

① 此段显示了那先过人的智慧。智者能以智护其身，不遭王权的迫害。

② **放恣**：恣意妄为。

③ **违戾**：违拗、违背、不顺从。

④ **诛罚**：杀戮惩罚。

⑤ **憕戾**：暴戾之意。

⑥ **甫始**：开始、刚开始、起初。

⑦ **日反欲冥**：反，通“返”。

⑧ **明日**：第二天。

⑨ **几**：多少。

⑩ **嗔恚**：圆睁双眼而发怒。恚，音 huì，愤怒。

⑪ **齐**：总是。

⑫ **不妄**：的确不错。

⑬ **强**：固执地。

⑭ **可**：此处译文似有漏译之嫌。“别本”作“可去”。意畅通。

⑮ **不堪**：不能承受。

⑯ **自在**：随便。

⑰ **何以**：为什么用……，此乃倒装句，原句语序应为："何以'无有那些'对王言？"

⑱ **笳**：一种乐器，与笛子类似。

⑲ **鍜金箹**：箹，音wò，竹筒。鍜金箹，盖为金属做的吹火筒。

⑳ 此句"别本"译作"分别视之，皆虚空，无有那先也"。意思通畅，当依"别本"。

㉑ **却**：离开。

㉒ **手**：亲手、亲自。

㉓ **着**：放。

㉔ **水**：此"水"当为衍字。

㉕ **一量**：丽刻本写作"一緉"，一双之意。后"一量"同此。

㉖ **遣**：遣散、遣回。

㉗ **伎女**："别本"作"妓女"，歌伎是也，非今人商业化之妓女也。类似中国古代的嫔妃。

㉘ **持座**：搬个座凳。此句极写弥兰王对那先的尊敬，由于前番折服了他。

译文

王又问道："那先还能与我共同辩难经义阐述大道吗？"那先说道："假如大王能作为一个智者来提问，我就能够与你对答；大王若是以王者的身份来提问、以愚者的身份来提问，我就不能与你对答了。"王说道："聪明人之问、帝王之问、愚蠢人之问，各是什么意思？"那先说："智者之间对话，相互诘难，语有上等，语有下等之分。对谈中有了胜负结果，则双方自己知道，这便是智者的对话；王者的对话，是自我放纵恣肆，若有敢于违拗，不听从王者之言的人，王便强行诛杀勿论，这便是王者的说话方式；愚蠢之人的对话，其话语太长自己都不知道什么意思，其语句很短也不知说了些什么，暴戾自大，仅仅是追求胜利的结果而已，这便是愚蠢之人的说话方式。"王说道："愿以智者的方式对话，不会用王者、愚者的方式对话。你不要用对待王者的心态与我说话，应该像与诸沙门在说话，应该像与诸弟子在说话，就像与优婆塞在说话，应该像与使者在说话，最终目的是应当相互启发开悟。"那先说："太好了！"

王说道："我有个问题要问。"那先说："王便问罢了。"王说道："我已经问过了。"那先说："我已回答了。”王说道：“用什么语言回答了我？”那先说：“王又问了我什么问题？”王说道：“我没有什么可问的。”那先说：“我也没有什么可回答的。”

王因此立刻明白那先是特别明达智慧之人。王说道：“我刚才本有许多问题要问的，日落天暗，怎么办呢？明天应该请那先到宫中好好地相互驳难辩论一番。”沾弥利望群立即告诉那先道：“日已傍晚，大王应当回到宫中。明天，王定当请那先去宫中。”那先说：“那太好了！”王立即向那先施礼，骑马回宫而去。王在马上继续考虑第二天那先来到的时候如何提问。

第二天，沾弥利望群以及旁臣们都向王启奏道：“请还是不请那先呢？”王说道：“理应当去请。”沾弥利望群说道：“如果请的话，应当请多少沙门一起来到呢？”王说道：“由那先自己决定与多少沙门一同来。”这时，旁边有另一主藏大臣。立于主藏地位的这个人，名字叫悭。他向王启奏道：“让那先与十位沙门一起来就行了。”像这样启奏了三遍。弥兰王生气地说道：“为什么老是说让那先与十位沙门一起来呢？”王又说道：“你名字叫悭，的确不错。固执地悭惜皇家的财物。要是你自家的财物，那还不知如何得了？你触犯我的意志，该有杀头之罪。你可以走开了。愍念你悭吝无知，特赦免你的罪过算了。现在我身为一国之王，难道不能承受供养沙门的饭食吗？”悭十分恐惧害怕，不敢再说一句话了。

沾弥利望群来到那先住的地方，向那先施礼，并告诉了大王请那先去的话。那先说：“王要求我与几位沙门同去？”沾弥利望群说道：“随便那先与多少沙门一道前往。”那先便与野惒罗等八十位沙门一起前往。沾弥利望群在即将进城时，于道途之中，便问起那先昨日回答王说“没有那先”一语的意思。那先便问沾弥利望群道：“您的意思那先究竟应该是什么呢？”沾弥利望群说道：“我认为喘息、出入，生命之气便是那先。”那先问道：“人的气（流）一旦呼出，就不再回到本身，那么这个人还是活的吗？”沾弥利望群说道：“呼气出而不再有气进入的人，必然就会死去。”那先又说道：“像有人吹奏箫乐，气出就不再回来了。像那些手持鍜金箭吹火的人，气流一旦吹出时，岂还能回去否？”沾弥利望群说道：“不再回去。”那先说道：“同样是气流涌出而不再回去，这些人为什么还不死呢？”沾弥利望群说道：“喘息之间的深奥道理，我不知晓。但愿那先替我辈解说清楚。”那先说：“喘息的气流，都是身中的固有物事，就像人心总会有所思念一样。舌头将心念说出，是舌头的特殊功能；意有怀疑的对象，心中对此对象加以考虑，这便是心的特殊功能。每一部位都各自有自己的特殊功能，分开来看它们，都是四大皆空的而并没有那先在其中。”沾弥利望群当下心意立刻就开通领悟了，便成为在家修行的优婆塞，并受了五戒。

那先便走进宫中，来到了王的居处，走到宫殿之上。弥兰王立即迎上前来，向那先施礼然后便退回原位。那先便就座，八十位沙门也都坐下了。王亲手捧着精美的饭菜，放到了那先面前。吃完饭以后，漱口洗手完毕。王便供养众沙门，每人一件双层袈裟，皮革制鞋一双；供养那先、野惒罗每人三件袈裟，一双皮革制鞋。王又对那先、野惒罗说道：“留下十个人共同在一起就座，其余的人让他们回去。”那先立刻遣回其余的沙门让他们回去，与十位沙门一同留在王宫。王又下诏：“后宫诸贵妃、乐伎都出来，在殿上帐中倾听我与那先论说经义。”当时，后宫的贵妃、乐伎都出来，在殿上帐中听那先论说经义。

这时，王亲自搬着座位坐在那先面前。王问那先道：“应该辩论什么呢？”那先说道：“王若想倾听核心之言，就当说核心言语。”

第一问因何缘故做沙门呢?

原典

王言:“卿曹道何等最为善者,用何故作沙门?”那先言:“我曹辈欲弃世间苦恼,不复更后世苦恼,故作沙门。”王言:“沙门者,悉尔[①]不?”那先言:“不悉用是故作沙门。中有负债作沙门者,中有畏县官作沙门者,中有贫穷作沙门者。”那先言:“我但说欲脱爱欲、苦恼,灭今世勤苦,至心求道作沙门者耳。”[②]王言:“今卿用是故作沙门耶?”那先言:“少少[③]作沙门。有佛经道是故:‘欲弃今世、后世苦恼,作沙门。’”王言:“善哉!善哉!”

注释

① **尔:**代词,“这样”之义。

② 我但说……沙门者耳,此一长句,意思与上文颇为不贯。依“别本”,译作“我本至心求道,故作沙门耳”。语义晓畅,与上下文贯通,当依此。

③ **少少:**“别本”写作“少小”,当是。

译文

王说道："你们佛道之中什么是最上等之善呢？你们又因什么缘故做沙门呢？"那先说："我们为了想要抛开世间的种种苦恼，不再经受后世苦恼，所以做沙门。"王说道："沙门之中，都是这样的吗？"那先说道："并不都是因为这一追求而做沙门。其中，有的因为负债无力偿还，为逃避债务而做了沙门的；有的因为畏惧官府的追捕做了沙门；有的因为贫穷做了沙门。"那先又说道："我仅仅说出了为要脱离爱欲、苦恼，灭除今世的辛勤痛苦的一种情况，至于心念没有入道做沙门的，我未说罢了。"王说道："现在您是因为什么做沙门的呢？"那先说道："从小就做了沙门。有佛教经典阐述了其中的道理：'要想解脱今世、后世的苦恼，就去做沙门。'"王说道："说得好哇！说得好哇！"

第二问人死还受后有之身？

原典

王问言："宁有人死后复生不？"那先言："人有恩爱、贪欲者，后世便复生为人。无恩爱、贪欲者，后世便不复生。"

译文

王问道："难道人死后还要轮回再生吗？"那先说："人如若有恩爱、贪欲的话，后世便会再次投胎为人。没有恩爱、贪欲的话，后世便不再投胎轮回再生。"

第三问一心念正法，不受后有之身？

原典

王言："人以一心念正法，后世不复生耶？"那先言："人一心念正法，智慧及余善事，后世不复生。"

译文

王说道："人若一心一意以正法为念，后世便不再轮回了吗？"那先说道："人若一心一意以正法为念，并能念及智慧及其他善事，依此功德之力，后世便不再轮回了。"

第四问善心念正法与智慧本质相同吗？

原典

王言："人以善心念正法，与黠慧[1]者，是二事，其义宁同不？"那先言："其义各异不同。"王言："牛马六畜各自有智谋，其心不同？"那先言："王曾见获麦者不？左手持麦，右手刈之[2]。"那先言："黠慧之人，断绝爱欲，譬如获麦者。"王言："善哉！善哉！"

注释

① **黠慧：** 狡黠的智慧，非正智。

② **刈之：** 割之。"之"，指代麦苗。

译文

王说道："人以善良之心努力地按照正法去思维，与以狡黠之智慧去按正法思维，是二种不同行为呢，还是本质意义是相同的呢？"那先说道："这二者的本质意义是不同的。"王说道："牛马等六畜各自有其自己的思维，它们的心念不同吗？"（按：此处疑原典文有漏失，如依"别本"，则续译：那先说："牛马等六畜各自有思维，而心念也各自不同。”）那先说：“王曾经看过割麦的情形没有？左手抓住麦苗，右手用刀割之。”那先说道：“有黠慧之人，一心系念正念，令不散乱，以智慧之剑断绝爱欲，就像割麦的人一样。正念与智慧二者同时运作，才能解脱生死。”王说道：“说得太妙了！说得太妙了！”

第五问什么是余善事呢？

原典

王复问那先：“何等为余善事者？”那先言：“诚信、孝顺、精进、念善、一心、智慧，是为善事。”

王言：“何等为诚信者？”那先言：“诚信，解人疑。信有佛，信经法，信有比丘僧，信有罗汉道；信有今世，信有后世；信孝父母，信作善得善，信作恶得恶；信有是，以后心便清净，去离五恶[①]。”

“何等五？”“一者淫泆[②]，二者嗔怒，三者嗜卧，四者歌乐，五者疑人。不去是五恶，心意不定；去是五恶，心便清净。”那先言：“譬如遮迦越王[③]，车马人从濿度[④]，令水浊恶。过度以去，王渴，欲得水饮。王有清水珠置水中，水即为清，王便得清水饮之。”那先言：“人心有五恶，如浊水。佛诸弟子度脱生死之道，人心清净，如珠清水。人却诸恶，诚信清净，如明月珠。”王言：“善哉！善哉！”

王复问那先：“精进诚信者，云何？”那先言：“佛诸弟子自相见辈中说[⑤]诸清净，中有得须陁洹道者，中有得斯陁含道者，中有得阿那含道者，中有得阿罗汉道者。因欲相效[⑥]行诚信，便得度世道。”那先言：“譬如山上大雨，其水下流广大。两边人俱不知水浅深，畏不敢前。若有远方人来视水，隐知[⑦]水广狭、深浅，自知力势能入水，便得过度去。两边人众便随后度去。佛诸弟子如是。人心清净，便为须陁洹道，得斯陁含道，得阿那含道，得阿罗汉道，善心精进，得道如是。佛经说言：‘人有诚信之心，可自得度世。’人能自制，止却[⑧]五所欲。人自知身苦恼，能自度脱。人皆以智慧成其道德。”王言：“善哉！善哉！”

注释

① **去离五恶：** 远离五恶。

② **淫泆：** 意为放荡、不检点、过分纵欲。

③ **遮迦越王：** 意为转轮王。

④ **濿度：** 快速渡河。

⑤ **说：** 通“悦”。

⑥ **相效：**互相效法、模仿。

⑦ **隐知：**凭心中意念猜想而知，直觉。

⑧ **止却：**控制住并能摒弃。

译文

王又问那先："什么是其余的善事呢？"那先说："所谓诚信正法、孝顺慈悲、不断地努力向上、以善为念、使心思专一、具有智慧等，这便是善事。"

王说道："什么是诚信正法呢？"那先说道："诚信正法，即是对三宝没有猜疑。相信有佛，相信有佛法，相信有清净的比丘僧，相信有阿罗汉道的境界存在；相信有今世、后世的轮回报应；相信孝敬父母之道，相信作善得善报，作恶得恶报；相信以上这些观点之后，日后必能心得清净，远离五恶。"

"什么叫作五恶呢？"那先言："第一恶是贪淫泆，第二是嗔怒，第三是懒惰嗜睡，第四是放纵歌舞音乐，第五是怀疑他人。不远离这五恶，心意就不得安定；远离了这些五恶，心意便能清净。"那先又说："譬如遮迦越王，率领他的车马随从人员一起渡河，使得河水浊恶不堪。渡过河水以后，遮迦越王口渴了，想要喝水。但水已混浊不能喝，王把随身带的使水变清的珠子放入水中，水立刻就变得澄明清净了，王便能够有清净水喝了。”那先说道：“人心中有五恶干扰，就如浊水一般。佛的众弟子证得了超脱生死的大道，这些人的心获得了清净，就像有清水珠使水变清了一般。同样，人若能退却诸恶，诚信清净，人心就会像明月之珠一般，清明光耀。”王说道：“说得好哇！说得好哇！”

王又问那先道：“所谓精进诚信，又是怎么解释呢？”那先说道：“佛的诸弟子见同辈中有人修行而心得清净、解脱，其中有得须陁洹道的人，有得斯陁含道的人，有得阿那含道的人，也有得阿罗汉道的人。因之便想相互效仿践行诚信，善为修持，毕竟证果，以便可以超度世间之苦。”那先说：“譬如山上下大雨，山洪下泻其水势浩大。站在山洪两边待渡的人因为不知水流的浅深，个个畏惧不敢向前渡水。此时，假若有一个远道而来的善知识察视该水流，凭直觉知晓该水流的宽广度及深浅度，并且自知自己的力量可以入水，而且能够渡过去。两边众多人群便跟随他渡水的路线渡过水流。有诚信的佛弟子也是这样引导人们度脱世间苦难。人心一旦清净，便是须陁洹道，进而得斯陁含道，再进而得阿那含道，最后得阿罗汉道，善心精进，得道的过程便是这样。所以佛经上说道：‘人若有了诚信之心，可以自己达到超脱世俗的境界。’人若能自我控制，便能制止住五种欲望。人若能自知身躯是苦恼之根源，便能自我超度解脱。人都是凭借智慧而最终圆满成就道德。”王说道：“说得太好了！说得太好了！”

第六问什么叫作慈悲？

原典

王复问那先："何等为孝顺者？"那先言："诸善者皆为孝顺。"那先言："有四善事，心意所止[①]。"言："何等四心意所止者？"那先言："一者自观其身中外内，二者知意苦乐，三者知心善恶，四者知正法，是[②]为四。"

那先言："复有四事。""何等四？""一者制其意；二者诸有恶事不听入心中；三者心中有恶事即出[③]之，索诸[④]善；四者其心中有善，制持不放，是为四。"那先言："复有四事，自在欲所作。""何等为四？""一者却欲，二者精进，三者制心，四者思惟[⑤]，是为四。"

那先言："复有五效事[⑥]。""何等为五？""一者诚信，二者孝顺，三者精进，四者尽心念善，五者智慧，是为五。"

那先言："复有七事，弃除诸恶，名为七善，亦名七觉意。复有八种道行，亦名为阿姤者。是凡三十七品经，皆是孝顺为本[⑦]。”

那先言：“凡人负金[⑧]致远，有所成立，皆由地成；世间五谷、树木，仰天之中，皆由地生。”[⑨]那先言：“譬若师匠，啚[⑩]作大城，先度量作基趾[⑪]已，乃起城。”那先言：“譬若倡伎[⑫]欲作先净，扫地乃作。佛弟子求道，先行经戒，作善因，知勤苦，弃诸爱欲，便思念八种道行[⑬]。”王言：“善哉！善哉！”

注释

① **止**：停留、栖息。

② **是**：指示代词，“这些”之意。

③ **出**：驱逐出去。

④ **诸**：“之于”的合音词。

⑤ **思惟**：思想集中到一点上。惟，唯一。

⑥ **五效事**：五件可以效法的事情。

⑦ **孝顺为本**：此“孝顺”当与中国儒家的伦理孝道观不尽相同。它是把做各种善事看作“孝顺”，实际上乃“慈悲”之意。本义为服从。

⑧ **负金**：“别本”作“负重”。

⑨ 此段称赞“地”之重要，实乃称“孝顺”的重

要。后来佛教皆称“出家人以慈悲为怀”，由此可知，此处“孝顺”当“慈悲”解。

⑩ **啚：**“图”字，设计之意。

⑪ **基趾：**“别本”作“基址”。当依“别本”。

⑫ **倡伎：**“别本”译作“伎人”。约为行走卖唱、杂耍之类的民间艺人，在公共场合表演时，先清扫出一块场地。故“别本”说“除地平，乃作”。

⑬ **八种道行：**概指八正道，即正见、正思维、正语、正业、正命、正精进、正念、正定。

译文

王又问那先：“什么叫孝顺慈悲呢？”那先说道：“各种善事都是孝顺慈悲。”那先说：“有四种善事，心意可以依止。”王说道：“什么是心意可以依止的四种善事？”那先说道：“第一是能够看清自身中外内的东西为不净（观身不净）；第二是知道欣求乐受中反生苦的原因（观受是苦）；第三是知道心的善恶之念是生灭无常（观心无常）；第四是知道一切法皆依因缘而生，无有自性（观法无我）。这些便是四种善事。”

那先说道：“还有四件事情。”“什么样的四件事情呢？”“第一是制伏其意念（未生之恶令不生）；第二是各种带有恶意的事情即使知道了也不要存放在心中（已生之恶令断）；第三是心中如若有恶事立即驱逐出去，寻求各种善事来正心意（已生之恶令断，未生之善令生起）；第四是有了善端，便紧紧握住而不放逸出去（已生之善令增长）。这便是四事。”那先说：“还有四件事情，是自由意志所引起的。”王说道：“这四件事又是指什么呢？”那先说：“第一是除却欲望，第二是精进，第三是制伏心意，第四是思维专一。这便是我所说的四件事。”

那先说道：“还有五件应该效法之事。”“什么才是五件应该效法的事情呢？”“第一是诚信正法，第二是孝顺慈悲，第三是精进，第四是尽心以善为念，第五是要有智慧。这便是五件应该效法之事。”

那先说道：“还有七件事，弃除各种恶念，又叫作七善事，又叫作七觉意。又还有八种道行，也叫作阿姤。总之所有三十七品经，都是以孝顺慈悲作为根本。”

那先说道：“大凡人身负重任走向远大目标，最终有所成就，都是由于大地的负托而促成的；而世间五谷、树木，虽仰天之中成长，但都是从地中生长出来的。”那先说道：“譬如建筑师，他要设计建筑一座巨大的城池，必然首先度量做城的地基。这些工作完毕之后，方才建造大城。”那先说道：“譬如倡伎，想要在某地表演必然先将场地打扫干净，扫出一片干净场地然后开始演唱。佛家弟子追求人生至道，首先学习经文戒律，种下善因，知道世间的辛勤痛苦本质，抛弃各种尘世的恩爱欲求，这样一心系念并努力实践正见、正思维、正语、正业、正命、正精进、正念、正定八正道，乃至圆满成就佛果。”王说道：“说得好哇！说得好哇！”

第七问什么叫作精进？

原典

王复问那先：“何等为精进者？”那先言：“助善是为精进。”那先言：“譬若垣墙欲倒，从傍柱[①]之；舍欲倾坏，亦复柱之。”那先言：“譬若国王遣兵，有所攻击。兵少弱，欲不如[②]。王复遣兵往助之，便得胜。人有诸恶，如兵弱；人持善心，消恶心，譬如国王增兵得胜；人持五戒，譬如战斗得胜。是为精进，助善如是。”

那先说：“经言：‘精进所助，致人善道；所致善者，无有逮斯[③]。’”王言：“善哉！善哉！”

注释

① **柱**：名词动用，以柱撑之。

② **不如**：不去、不出动。

③ **逮斯**：逮，赶得上；斯，代词，指代“精进”。

译文

王又问那先（道）：“什么才叫作精进呢？”那先说道：“所谓精进，即是积极地以善心以及行动，去支持增长、成就善好的功德。”那先说：“譬如说墙垣将要倾倒了，从旁边以柱撑之；房屋将要倾倒了，也这样地以柱撑之。如此墙垣、房子就不会倒塌，此一支持善法，使善心不退减损坏，即助善，也就是精进。”那先说道：“就像国王派遣部队，要攻击某个地方。由于兵力太少显得战斗力薄弱，因而士兵便不想去攻击。王又调遣兵力前去支援他们，便得胜回朝。人有了各种恶念不能克服，就像大王派兵的兵力弱小一样；人坚持善心，消除恶之心念，就像国王增兵得胜一样。人坚守五戒，就像战斗得胜的道理一样。这便是精进，支援善之心念亦即这个意思。”

那先说道：“佛经上说：‘精进给予人帮助，其目的是使人进入善道；所有使人进入善道的方法，没有一个能赶得上精进这一方法。'”王说道：“说得好哇！说得好哇！”

第八问什么是系念诸善事？

原典

王复问那先："何等为意当念诸善事？"那先言："譬若取香华[①]，以缕合连系，风不能吹散。"那先复言："譬王守藏者，知中金银、珠玉、琉璃珍宝有几所。"那先言："道人欲得道，时念三十七品经。佛道：'意念当如是正，所谓脱人。'道人有意，因知善恶，知当所行，别知白黑；思惟[②]以后，便弃恶就善。"

那先言："譬如王有守门者，知王有所敬者，有所不敬者，知有不利王者。所敬利王者，便内[③]之。王所不敬者，不利王者，即不内。人持意若是，诸善者当内之，诸不善者不内。意制人善恶如是。"那先说："经言：'人当自坚守其意及身六爱欲。持意甚坚，自当有度世时。'"王言："善哉！善哉！"

注释

① **香华：** 华香是也。

② **思惟：**思念专一。

③ **内：**通“纳”，接纳。

译文

王又问那先：“什么才是系念诸善呢？”那先说：“譬如要择取花之香味，用丝袋子缝合起来，风就吹不散了。”那先又说道：“譬如替王守财库的人，就能知道其库中金银、珠玉、琉璃珍宝有多少。”那先说道：“修道之人想要证悟佛道，应当按时念诵三十七品经文。佛陀曾说道：‘意念应该像这样端正，这便是我所说的使人解脱。’修道之人忆念诸善，就有道意，有道意则知道何为善恶，知道什么该当践行，知道什么不可行，知道区分黑白；思念专一之后，便能抛弃恶念而依善法修持。”

那先说：“譬如王有守门之人，知道王有自己所尊敬的人，有所不尊敬的人，知道有对王不利的人。所有被王尊敬，并对王有好处的人，便允许他们进来。看到王所不敬之人，以及于王不利之人，则拒之门外。修道的人持守意念亦像这样，各种善事便自然地允许进入心中，各种不善之事便拒之心念之外。意念控制人的善恶行为便是这样。”那先说：“佛经上说：‘人应当自己坚守并保护其意念及不要任由六根追逐六尘，而招感爱欲烦恼。人若能坚守意念十分牢固的话，自然会有超度世间之苦的时候。’”王说道：“说得好哇！说得好哇！”

第九问什么叫作专一其心？

原典

王复问那先：“何等为一其心者？”那先言：“诸善独有‘一心’，最第一。一其心者，诸善皆随之。”那先言：“譬若楼陛[1]，当有所倚。诸善道者，皆着‘一心’。”

那先言：“譬若王持四种兵，行战斗，象兵、马兵、车兵、步兵。王行出，诸兵皆随引前后。佛经善事，皆随‘一心’，如是。”那先说：“经言：‘诸善一心为主，学道人众多，皆当归一心。’人身[2]死生过去，如流水前后相从。”王言：“善哉！善哉！”

注释

① **楼陛：** 楼梯是也。陛，台阶。

② **人身：** 人的有形身躯。

译文

王又问那先："什么才叫作专一其心呢？"那先说道："各种致善的行为唯独'一心'的做法，才为第一要法。只要使心念专一，所有的善行都将随之而来。"那先说："譬如楼梯，应该有所倚靠。各种致善的途径，都将倚靠'一心'的基点上。"

那先说："譬如大王率领四种部队，展开战斗，所有象兵、马兵、车兵和步兵，都以大王为领袖中心。大王开始行动，各种部队都将前后跟随。佛经上所说各种善事，都跟随'一心'，其道理也与诸兵种跟随大王一样。"那先说："佛经上说：'各种善行以一心为主，学道之人应学的东西很多，最终都以一心为归宿。'人的身躯死亡、再生以及前生，就像流水一样前后相续不断。"王说道："说得好哇！说得好哇！"

第十问什么叫作智慧？

原典

王复问那先："何等为智？"那先言："前已对王说是。人智断诸疑，明诸善。"那先言："譬如持灯火入冥中，室便亡[①]其冥。自明人智，如是。”那先言：“譬若人持利刀截木，人以智截[②]诸恶，如是。”那先言：“人于世间，智最为第一度脱人生死之道。”王言：“善哉！善哉！前后所说经种种，智善也！”

注释

① **亡**：通“无”。动词。

② **截**：斩断。

译文

王又问那先：“什么叫作智慧呢？”那先说：“前面已经对王论述过这一问题。人的智慧主要是斩断疑虑，明了各种善的事情。”那先说：“譬如手持灯火进入昏暗的房中，房间里的昏暗便会消亡。人有智慧，就像暗室有灯明一样。所以使人变得有明达的智慧，也是这样。”那先说：“就像人手拿锋利的钢刀斩截木头一样，人用智慧的锋利钢刀砍截各种恶念，也是如此。”那先说：“人在世间，智慧是第一等的，使人超脱人生死苦海。”王说道：“说得好哇！说得好哇！前后所论述的经义及种种看法，都是智慧善德的表现啊！”

第十一问佛经只为除却欲望恶念吗？

原典

王复问那先："佛经但为趣欲却诸恶事耶？"[1]那先言："然。是所说种种诸善者，但欲却一切恶。"那先言："譬若王发四种兵：象、马、车、步兵，行战斗。初发行时，意但[2]欲攻敌耳。佛经说种种诸善，如是，但欲共攻去诸恶耳。"王言："善哉！善哉！说经甚快[3]也。"

注释

① 此句"别本"译作"但欲趣却一恶耶"，较之"佛经但为趣欲却诸恶事耶"更通顺。"趣欲却诸恶事"一语颇为不通。依下句亦可知。

② **但**：只也。

③ **快**：令人畅快。

译文

王又问那先："佛经仅仅是为了除却欲望诸种恶念这种事吗？"那先说："是这样的。所阐发的种种行善的言论，都只是为了断尽一切恶。”那先说：“这就像王指挥四种部队：象兵、马兵、车兵、步兵，进行战斗。开始出发的时候，一心一意只想攻击敌人罢了。佛经上所说的种种善事，如同王攻击敌人一样，只是为了断除各种恶事罢了。”王说道：“说得好哇！说得好哇！如此这般譬喻解说经义非常痛快。”

第十二问人之投生是持续旧或新神识?

原典

王复问那先言：“人心趣善恶道，续持身故神[①]行生乎，更贸[②]他神行生耶？”那先言：“亦非故身神，亦不离故身神。”那先问王：“王小时哺乳时，身至长大时，续故身非[③]？”王言：“小时身异。”

那先言：“人在母腹中，始为精时，至浊。时，故精耶？异？坚为肌骨，时，故精耶？异？初生时，至年数岁时，故精耶？异？如人学书，傍人宁代其工[④]不？”王言：“不能代其工。”那先言：“如人法有罪，语王。”王不能解知。王言：“如人问那先解之云何？”[⑤]

那先言：“我故小时，从小儿至大，续故身耳。大与小时合为一身，是命所养。”那先问王：“如人然[⑥]灯，火至天晓时不？”王言：“人然灯，火油至晓时[7]。”那先言：“灯中炷[8]一夜时，续故炷火光不？至夜半，至明时，故火光不？”王言：“非故火光。”那先言：“然灯火从一夜至半夜，须更然灯火耶？向[9]晨时复更然灯火耶？”王言：“不中夜[10]，更然火，续故一炷火，至明。”那先言：“人精神展转[11]相续，如是。一者去，二者来[12]。从精神[13]至老死后，精神趣所生，展转相续，是非故精神，亦不离故精神。人死以后，精神乃有所趣向[14]生。”

那先言：“譬如乳湩[15]作酪，取上肥作醍醐[16]与酪苏。上肥还复名作乳湩，其人宁可用不？”王言：“其人语不可用。”那先言：“人神如乳湩。从乳湩成酪，从酪成肥，从肥成醍醐。人如是，从精沫[17]至生，至中年，从中年至老至死，死后精神更受身生。人身死，当复更生[18]受一身，譬若两炷更相然。”王言：“善哉！善哉！”

注释

① **故神：**旧有的神识。

② **贸：**“别本”写作“貿”，疑即贸也。贸，更替、交换之意也。

③ **非：**不也。

④ **工：**完善。

⑤ **那先言：**“如人……那先解之云何？”此一大段，译者颇有漏译，语义甚不通。依“别本”，此段为：那先言：“如人犯法有罪，宁可取无罪之人代不？”王言：“不可。”那先以精神罪法语王，王意不解。王因言：“如人问那先，那先解之云何？”

⑥ **然：**通“燃”。

⑦ 此句意亦颇费解。“别本”译作：“然灯油至明。”依上文意，应译为：“油能至晓，则灯火至明时。”意思是说，只要灯油够了，灯火就会持续到天亮。

⑧ **炷：**灯芯是也。

⑨ **向：**靠近。

⑩ **中夜：**半夜。

⑪ **展转：**辗转。

⑫ **二者来：**“别本”译作“一者来”。

⑬ **从精神：**后脱一“生”字。依“别本”补。

⑭ **趣向：**趋向。

⑮ **乳湩：**乳汁。湩，音 zhòng，乳汁也。

⑯ **醍醐：**此处指酥上加油的乳制食品，味甘美，可入药。《涅槃经》卷十四《圣行品》云：“熟酥出醍醐，醍醐最上。”

⑰ **精沫：**“别本”译作“精神”，依下句，当是。

⑱ **更生：**再次生，再次复活。佛教认为神识不灭。

译文

王又问那先道：“人投生善恶道之中，是持续不断地运用旧有神识，还是新的神识呢？”那先说道：“既不是旧有的神识，也不完全脱离旧有的神识。”那先说道：“王小时吃奶时，直到长大时，其身躯续接旧有身躯吗？”王说道：“小时身躯与后来的不同。”

那先说：“人在母腹之中，刚开始作为受精卵之时，是一种最混沌的状态。当时，是原来的受精卵呢，还是不同的呢？长成有坚硬的骨头完整的肌肉，这时，是原来的受精卵呢，还是不是？初生下地之时，直到长成几岁之后，是原来的受精卵呢，还是不是？就像人们学习练字一样，其他的人能够代替他达到完善的境界吗？”王说道：“不能代替他达到完善的境界。”那先说道：“如果有人犯罪，能够让无罪之人代他受罚吗？”王说：“不行。”那先举出种种事例，说明轮回再生前后神识不同，来对王进行论述。王不能理解其中之意，便说道：“若有人要求那先解释其中的为什么呢？”

那先说道：“我从小时候，再至少儿时期到长大之时，都是延续原来的身躯罢了。大的时候与小的时候共同是一个身躯（统一体），这一生命体是由小而逐渐成长的。”那先问王道：“假如一人点灯，其灯火能够持续到天亮吗？”王说道：“人点燃灯之后，灯火的油若能保证到天亮时不干则火至天亮。”那先说：“灯芯燃烧一夜，是持续旧有的火光吗？至半夜之时，至天亮之时，还是原来的火光吗？”王说道：“不是原来的火光。”那先说：“然而灯火从一开始到半夜里，必须再一次地点燃吗？靠近早晨又再点燃一次灯火吗？”王说道：“无须半夜再点燃灯火，延续原来一根灯芯的火，直到天亮。”那先说：“人的神识辗转相续，就像灯火一样。前面的逝去，后面的紧跟而来。从神识而获得生命，直到衰老死亡之后，神识又趋向另一处而获得生命，辗转相续，因此说转胎再生的神识既不是旧有的神识，也不完全脱离旧有的神识。人死亡之后，神识便又有新的趋向而再次转生。”

那先说：“就像奶汁一样，先制成奶酪，择取奶酪上层的肥脂制成醍醐和酪酥。上层肥脂还把它叫作奶汁，这种称呼还是正确的吗？”王说道：“这个人的叫法不合适了。”那先说：“人的神识就像奶汁。从奶汁制成酪，从奶酪制作过程中获得肥脂，因肥脂而制成醍醐。人也是这样，从精沫到生命开始，直到中年，从中年到老年直至死亡，死后神识再接受新的身躯而获得生命。人的身躯死亡，必然会再次拥有生命，接受另一身躯，就像两根灯芯更相燃烧一样。”王说道：“说得妙啊！说得妙啊！”

第十三问人能预知不再生于后世吗？

原典

王复问那先："人不复生后世，其人宁能自知不复生不？"那先言："然。有能自知不复于后世生。"王言："何用知之？"那先言："其人自知。无有恩爱，无有贪欲，无有诸恶，用是自知不复生后世。"

那先问王："譬若田家种谷，大得收敛①，盛箪簟②中，至于后年，不复耕种，宁复望得谷不？"王言："不复望得谷。"那先言："道人亦如是。弃捐③苦乐、恩爱，无所复贪，是故自知后世不复生。"王言："善哉！善哉！"

注释

① **收敛：** 收获是也。

② **箪簟：** 一种用竹制的东西，可以卷起，围成一圈，中可以贮放粮食。箪簟，音 dān diàn。箪，本意为竹筒；簟，竹席。此处为合成词，即指竹席。

③ **弃捐：** 抛弃。

译文

王又问那先："人不再生于后世，这个人难道自己预知不再生于后世吗？"那先说："肯定的。有人能预知自己不再生于后世了。"王反问道："凭着什么知道的？"那先说："其人自己知道的。没有世俗恩爱，没有了世俗贪欲，没有各种恶行，因此便自我知晓不再生于后世了。"

那先问王："譬如农民种稻谷，收成极好，装满箪簟之中，以至于后来几年，不再去耕种了，难道他还想得到稻谷吗？"王说道："不再希望得到稻谷了。"那先说："修道之人也是这样。抛弃了苦乐、恩爱，不再有任何贪欲，因为这个缘故便自知后世不会再次投胎转生了。"王说道："说得好哇！说得好哇！"

第十四问明达与智慧有何不同？

原典

王复问："其人于后世不复生者，于今宁有智异于人不？"那先言："然。异于人。"王言："明与智为同不？"那先言："明与智等[①]耳。"王言："人有明智，宁能悉知众事，作一事，成五事耶？”那先言：“作众事，所成非一。譬若一地种谷，当其生时，各各自生种类。人身五事，皆用众事，各有所成。”王言：“善哉！善哉！”

注释

① **等**：相同。

译文

王又问道：“那种证得解脱在后世不再投胎的人，在今世其智慧有与人不同的地方吗？”那先说道：“的确如此。有异于他人之处。”王说道：“明达与智慧有什么不同？”那先说道：“明达与智慧是同义词。”王说道：“人有明达的智慧，能够全部知晓各种事情，做成一件事，成就五件善事吗？”那先说：“可以做各种事，其成就不限于一种。就像某一块土地种上谷物，当其生成之时，各自按照其种类之性生长。人身五种善事，都是因为不同的事情，而各自成就其功德的。”王说道：“说得妙啊！说得妙啊！”

第十五问世间人为何生而有所不同？

原典

王复问那先："世间人头、面目、身体、四支皆完具[①]，何故有长命者，有短命者？有多病少病者？有贫者富者？有长者有卑[②]者？有端正者，有丑恶者？有为人所信者，为人所疑者？有明者，有暗[③]者？何以故不同？"

那先言："譬若众树木生果，有酢[④]者，有苦者，有辛者，有甜者。"那先问王："此等树木，何故不同？"王言："不同者，本栽各异。"那先言："人所作，各各异不同。故有长命，有短命；有多病，有少病；有富，有贫；有贵，有贱；有端正，有丑恶；有语用者，有语不用者；有明者，有暗者。"那先言："佛经说豪贵、贫穷、好丑，皆自宿命[⑤]。所作善恶，自随行[⑥]得之。"王言："善哉！善哉！"

注释

① **完具：** 完备、完好。

② **卑：** 卑贱也。

③ **暗：** 愚昧、不聪明。

④ **酢**：音 zuò，酸也。大酸曰酢。是醋之本字。

⑤ **宿命**：以前的命运。

⑥ **行**：各种意志活动。

译文

王又问那先道："世间之人头、面目、身体、四肢都是完好的，为什么有的人寿命长，有的人寿命短？有的人多病，有的人少病？有的人贫穷，有的人富贵？有出身尊贵的，有出身卑贱的？有面貌端正的，有形容丑陋的？有的人得到他人相信，有的人被他人所疑？有明达者，有愚暗之人？因为什么缘故而不同？"

那先说道："就像众多树木所生的果子一样，有酸的，有苦的，有辛辣的，有甘甜的。"那先问王说："这些树木，为什么不同呢？"王说道："不同的原因，在于其所栽的树种及其土壤不同罢了。"那先说道："人们因宿世所作的业种，各各并不相同。所以有长命的人，有短命的人；有多病的，有少病的；有富贵的，有贫穷的；有尊贵的，有卑贱的；有面貌端正的，有形容丑陋的；有言语他人信用的，有言语他人不信的；有明达的人，有愚暗者。"那先说道："佛经上说，这些都是以前的造作决定的。人所做的善恶之事，自然跟随自己的神识而在不同的时候得到报应。”王说道：“说得好哇！说得好哇！”

第十六问为善应预先做或事后做呢？

原典

王复问那先言：“人欲作善，当前作之，须后作之？”那先言：“当居前作之，在后作者不益[①]人。”那先言：“王渴时乃掘地作井，能趣渴[②]不？”王言：“不能趣渴。当居前作井耳。”那先言：“以是故，所作当居前。”那先问：“王饥时乃使人耕种，须谷熟乃食耶？”王言：“不。当先储偫[③]。”那先言：“人如是，当先作善。有急乃作善者，无益于身。”

那先问王：“譬若王有怨，当临时出战斗具[④]？”王言：“不。当宿有储偫。”那先言：“佛说经言：‘人当先自念作善，于后作善无益。莫弃大道就邪道，勿效愚人弃善作恶，后坐啼哭无益。’人弃捐中正，就于不正，临死时乃悔耳。”王言：“善哉！善哉！”

注释

① **不益：**不能给人带来好处。

② **趣渴：** 当作“去渴”，解决渴之意。

③ **储偫：** 储藏、储备。偫，音 zhì，具备之意也。

④ **战斗具：** 武器。

译文

王又问那先道：“人要想做好事，是该预先做呢，还是事后做呢？”那先说：“应当预先做，在事后做就没有益处了。”那先说：“王在口渴时才挖地打井，能够解决口渴吗？”王说道：“不能解决口渴。应当事先打井才是。”那先说：“因此，做善事应当预先做。”那先问：“王到饥饿时才使人耕种，一直等到谷熟时才吃吗？”王说道：“不。应当先储备好谷子。”那先说：“人也是这样，应当先做善事。遇到急事再去做善事，对自身没有益处。”

那先问王道：“假如王有仇敌，是临时制作战斗工具吗？”王说道：“不是。应当在以往就储备着。”那先说道：“佛阐述经义时说道：‘人应当事先自己考虑到做善事，在事后做善事没有好处。不要离弃大道而靠邪恶之道，不要效法愚暗之人抛弃善德而做恶事，后来因果报来临而啼哭是没有用的。’人们若捐弃中道，靠近邪佞之道，临死的时候便会只有后悔的份儿了。”王说道：“说得好哇！说得好哇！”

第十七问地狱中人经万年为何不消亡?

原典

王复问那先："卿曹诸沙门说言，世间火不如泥犁[①]中火热。复言，持小石着[②]世间火中，至暮不消。取大石着泥犁火中，即消。是故，我不信。复言，人作恶，死在泥犁中，数千万岁，其人不消死。是故，我重[③]不信是语。"

那先问："王宁闻见水中大蟒、蛟龙、鱼鳖以沙石为食不？"王言："然，实以此为食。"那先问王："沙石宁消不？"王言："皆消。"那先言："其腹中怀子宁复消不？"王言："不消。"那先问王："何故不消？"王言："相禄独当然，故使不消。"那先言："泥犁中人，数千万岁，不消死者何？所作过恶未尽，故不消死。"

那先问王言："师子、虎狼皆肉食、啖骨，入腹中时宁消尽不？"王言："消。"那先问王："其腹中怀子宁复消不？"王言："不消。"那先言："用何故不消？"王言："独相禄[④]，故不消死。"那先问王言："牛马、麋鹿皆以茑草[⑤]为食不？"王言："然。"那先言："其茑草宁于腹中消不？"王言："皆消。"那先言："其腹中怀子宁消不？"王言："不消。"那先言："何以故不消？"

王言："独以相禄当然，故使不消。"那先言："泥犁中人亦如是，过恶未尽，故不消死。"

那先问王言："世间女人，饮食皆美，恣意食，食于腹中，宁消不？"王言："皆消。"那先言："腹中怀子，宁消不？"王言："子不消。"那先言："何以故不消？"王言："独相禄当然，故使不消。"那先言："泥犁中人亦如是。所以数千万岁不消死者，用先作恶未解[⑥]，故不消死。"那先言："人在泥犁中生，在泥犁中长，在泥犁中老，过尽乃当死。"王言："善哉！善哉！"

注释

① **泥犁：** 地狱。

② **着：** 放。

③ **重：** 又。

④ **独相禄：** 各以前世宿业相报，互不干扰。

⑤ **[illegible]草：** 疑为"苩草"之误，或为"茗草"之误。

⑥ **未解：** 没有消除干净。

译文

王又问那先道："你们这些沙门之辈都说，世间的火不如地狱中的火温度高。又说道，拿一颗小石子放在

世间火中，从早到晚都烧不了。拿一块大石头放到地狱的火中，顷刻即被烧掉。因此，我不相信这些话。你们又说，人作恶后，死后堕在地狱之中，几千万年，这个人都死不了。因此，我更不相信这些话了。”

那先问：“王是否听说或见过水中大蟒蛇、蛟龙、鱼鳖以沙石为粮食吗？”王说：“的确有这回事，它们确实以沙石为食粮。”那先问王：“这些沙石是消化了还是不消化？”王说道：“都消化了。”那先说道：“它们腹中怀孕的胎儿消化了还是不消化？”王说道：“不消化。”那先问王：“这为什么又不消化？”王说道：“它们各有宿因，所以能使胎儿不消化。”那先说道：“地狱中的人，为什么几千万年都不消亡？是因为他们所作的罪恶没有消除的缘故，所以不消亡（死去）。”

那先问王道：“狮子、虎狼都以肉为食，吃骨头，这些东西吞到肚里能不能消化？”王说道：“消化。”那先问王道：“它们腹中怀孕的胎儿难道也消化吗？”王说道：“不消化。”那先说道：“因为什么缘故不消化？”王说道：“它们之间每一位都各有宿因，所以不消化死去。”那先问王道：“牛马、麋鹿都以苜草作为食料吗？”王说道：“是的。”那先说道：“它们吃下的苜草在腹中能消化吗？”王说道：“都消化了。”那先说道：“它们腹中怀孕的胎儿难道也消化了吗？”王说道：“不消化。”那先说道：“为什么不消化掉呢？”王说道：“它们之间每一位都各有宿因，所以能使它不被消化掉。”那先说道：“地狱中的人也是这样，罪过与罪恶没有消除干净，所以不消亡（死去）。”

那先问王道：“世间的女人，饮食都精美，恣意放纵地去吃，吃到肚中，都能消化吗？”王说道：“都能消化。”那先说：“腹中怀孕的胎儿，难道也消化了吗？”王说道：“胎儿不会被消化。”那先说：“为什么不被消化呢？”王说道：“每一部分各有宿因，之所以不致使胎儿被消化。”那先说道：“地狱中的人也是这样。所以几千万岁不消失死亡，是因为先前所作的罪恶还没有消除，所以地狱中人也不消失死去。”那先说：“人在地狱中生出来，在地狱中长大，在地狱中老死，直到罪过消尽才会死去。”王说道：“说得太好了！说得太好了！”

第十八问地在哪里？

原典

王复问那先："卿曹诸沙门言，天下地皆在水上，水在风上，风在空上，我不信是。”那先前，取王书水，适以指撮之。问王言："风持水，若此。"王言："善哉！"

译文

王又问那先："你们这些沙门之辈说，天下所有的陆地都在水上，水又在风上，风又在空中之上，我不相信这些话。"那先走上前，拿取王书写的水钵，恰好以手指撮取水钵加以旋转。问王道："风承住水，就像我刚才所做一样。清楚了吗？"王说道："好啊！好啊！"

第十九问涅槃后还有境界？

原典

王复问那先言："泥洹道皆过去，无所复有耶？"那先言："泥洹道无所复有。"那先言："愚痴之人，贪身爱惜，坐[①]是故，不能得度脱生、老、病、死者。"那先言："智者学道，内外身不爱惜，便无有恩爱；无有恩爱者，无贪欲；无贪欲者，无胞胎[②]；无胞胎者，不生；不生者，不老；不老者，不病；不病者，不死；不死者，不忧；不忧者，不哭；不哭者，不痛；便得泥洹道。"

注释

① **坐：** 因为。

② **胞胎：** 投胎、轮回转世。

译文

王又问那先道："达到涅槃境界之后，就没有任何其他的境界了吗？"那先说："涅槃道之外，再没有什么了。"那先说道："愚暗痴执之人，贪念身躯爱惜所得，因为这一缘故，不能够超脱生、老、病、死的痛苦与折磨。"那先说："有智慧的人学道，身内之爱意与身体之躯壳都不贪爱怜惜，因此便没有恩爱之意；没有恩爱之意，就没有贪欲之念；没有贪欲的人，就不再投胎转牛；不再投胎转生，就不生了；不生，则此身就不老了；不衰老，就没有疾病缠身了；没有疾病缠身，就不会死；不会死去，就不会有忧愁了；没有了忧愁，就不会哭泣；无须哭泣，就不会有痛苦。这样便证得涅槃境界了。"

第二十问修行者都能证涅槃？

原典

王复问那先："诸学道者，悉能得泥洹道不？"那先言："不能悉得泥洹道，正[①]向善道者。学知正事[②]，当所奉行者，奉行之；不当奉行者，弃远[③]之；当所念者，念；不当所念，弃之；如是，能得泥洹道。"

注释

① **正：** 端正、纠正。

② **正事：** 端正之事、中正之事。与邪道相区别。

③ **弃远：** 抛弃远离。

译文

王又问那先道："诸位修行的人，都能证得涅槃吗？"那先回答道："不能全都证得涅槃，只是以此来端正向善道方向努力的人的目标。学习知道何为端正之事，应当去努力践行的，就努力地去实践；不应该去践行的，就应抛弃、远离它；应该思念的，则可以思念之；不应该思念的，应该舍弃这些念头。能够做到这样，便能达到涅槃的境界。"

第二十一问未证涅槃者能知涅槃之乐否？

原典

王复问那先言："其不得泥洹道者，宁知泥洹道为快不？"那先言："然。虽[①]未得泥洹道，由知[②]泥洹道为快。"王言："人未得泥洹道何以故知快耶？"那先问王言："人生未尝截手足，宁知截手足为痛剧[③]不？"王言："虽未曾更截手足，犹知为痛。"那先言："何用知为痛？"王言："见其人截手足呻呼[④]，用是故，知为痛。"那先言："人前有得泥洹道者，转相语泥洹道快，用是故，信之。"王言："善哉！善哉！"

注释

① **虽**：即使。

② **由知**：通过其他人知之，即间接地知道。

③ **痛剧**：剧烈的疼痛。

④ **呻呼**：呻吟呼叫。

译文

王又问那先道："那些没有进入涅槃的人，难道能知晓涅槃境界是快乐的吗？"那先说："是的。即使没有进入涅槃境界，也会通过其他方式知道涅槃境界的快乐。”王说道：“人又没有进入涅槃境界，又是怎么知道该境界是快乐的呢？”那先问王道：“人们又未尝截断手脚，能否知道截断手脚的疼痛是剧烈的呢？”王说道：“即使未曾经历截断手脚的痛苦，但还是能知道这一做法是痛苦的。”那先问道：“凭什么知道这是痛苦的呢？”王说道：“看见他人截断手脚时呻吟呼号，因为这一经验而知道是痛苦的。”那先说道：“前人有证得涅槃，相互传言涅槃境界是快乐的，因为这一缘故，所以相信涅槃境界是快乐的。”王说道：“说得好哇！说得好哇！”

第二十二问实际有佛吗？

原典

王复问那先：“宁曾见佛不？”那先言：“未曾见。”王言那先：“诸师宁见佛不？”那先言：“诸师亦未曾见佛。”王言：“如使那先及诸师不见佛者，定为无有[①]佛。”

那先言：“王宁见五百溪水所合聚处不？”王言：“我不见。”“王父及太父[②]皆见水不？”王言：“皆不见。”那先言：“王父及太父皆不见此水，天下定为无此五百溪水所聚处不？”王言：“虽我不见，父及太父皆不见此水者，实有[3]此水。”那先言：“虽我及诸师不见佛者，其实有佛。”

注释

①**无有：**没有。

②**太父：**祖父。

③**实有：**实际上存有。

译文

王又问那先：“曾经是否见过佛陀呢？”那先回答道：“不曾见过佛。”王对那先说道：“诸位师父曾经见过佛没有呢？”那先回答说：“诸位师父也没有见过佛。”王说道：“如果那先及诸位师父都没有见过佛，一定是没有佛！”

那先说道：“王是否见过五百条溪水汇合之处呢？”王说道：“我没有见过。”那先说道：“王的父亲以及王的祖父都见过这样的水面吗？”王说道：“都不曾看见。”那先说道：“王的父亲及祖父都不曾见过这样的水域，天下就一定没有这样一处由五百条溪水汇聚之处吗？”王说道：“即使我没有见过，父亲以及祖父都没有见过这样广大的水域，但实际上是有这样的水域的。”

那先说道："即使我以及诸位师父不曾见过佛，但实际上是有佛的。"

第二十三问有无超过佛的人呢？

原典

王复问言："无有复胜[①]佛者耶？"那先言："然，无有胜佛者。"王复问："何以为无能胜佛者？"那先问王言："如人未曾入大海中，宁知海水为大[②]不？""有五河，河有五百小河，流入大河。河一者名恒[③]，二名信他[④]，三名私他，四名慱叉，五名施披夷尔[⑤]。五河水昼夜流入海，海水亦不增减。"那先言："王宁能闻知不？"王言："实知。""那先语以得道人共道说无有能胜佛者，是故，我信之。"王言："善哉！善哉！"

注释

① **胜：**超过。

② **大：**浩荡无边。

③ **恒：**今恒河。

④ **信他：**今印度河。

⑤ 以上三条河流，不知今日确指哪些河。

译文

王又问道："有没有超过佛的人呢？"那先说道："的确，没有超过佛的人了。"王又问道："凭什么知道没有超过佛的人呢？"那先问王道："就像人没有到过大海中畅游，又是怎么知道海水是大还是不大呢？"那先说："有五条河，河之上游又有五百条小河，流入大河。五条大河的其中之一名字叫恒河，第二条名字叫印度河，第三条河名字叫私他河，第四条名字叫慱叉河，第五条名字叫施披夷尔河。五条河之水昼夜向海流去，海水并不因此而看到增加。"那先说："王是不是知道这回事呢？"王说道："的确知道有此事。"那先说："我那先因诸位得道之人都说没有能超过佛的人，因此，我便相信没有超过佛的。"王说道："说得好哇！说得好哇！"

第二十四问因何知无有胜佛者？

原典

王复问那先言："当何用知无有胜佛者？"那先问王："造书师[①]者为谁？"王言："造书师者，名质[②]。"那先言："王宁曾见质不？"王言："质已死。久远，未曾见。”那先言：“王未见质，何用知质为造书师？”王言：“持古时书字，转相教告，用是故，我知名为质。”那先言：“用是故，我曹见佛经戒，如见佛无异。佛所说经道甚深，快人，知佛经戒以后便相效，用是效，我知为有不能胜佛者。”

注释

① **造书师：** 造字的老师、开创者。

② **质：** 不知何人。约为古代印度历史传说中人。

译文

王又问那先道：“你通过什么方式知道没有超过佛的人呢？”那先问王：“造字的老师是谁呢？”王说道：“造字的老师，名字叫质。”那先说道：“王难道见过质吗？”王说道：“质已死了。其时代已很久远，不曾见过。”那先说道：“王不曾见过质，又是通过什么方式知道质是造字的老师呢？”王说道：“通过古代时候的书籍及文字记载，相互流转教导，因为这种间接的方式，我知道其造字的人名字叫作质。”那先说道：“也是因为这一缘故，我辈看到佛的经文戒律，与见到佛本身没有两样。佛所阐发的经义及戒律十分深奥，令人愉快，因而在知道佛的经文戒律之后便相互效法，因为这一效法的具体活动，我便知道没有一个再能超过佛的人。”

第二十五问可长久践行佛法吗？

原典

王复问那先：“自觉佛经道可久行之？”那先言：“佛所施教禁戒经，甚快！当奉行之，至老。”王言：“善哉！善哉！”

译文

王又问那先道：“自从见佛教经典及其戒法之后，可以长时间地去践行它吗？”那先说：“佛所设的教义禁戒条律经典，十分地使人感到法喜，应该认真践行直至到老。”王说道：“很好啊！很好啊！”

第二十六问人死旧身不随神识再生后世吗？

原典

王复问那先：“人死已后，身[①]不随后世生耶？”那先言：“人死已后，更受新身，故身不随。”那先言：

“譬若灯中炷，更相然故炷，续在新炷更然。人身如是，故身不行[②]，更受新身。”

那先问王：“王小时从师学书、读经不？”王言：“然。我续念之。”那先问王：“王所从师受经书，师宁知本经书[③]耶？王悉夈[④]得其本经书？”王言：“不也。师续自知[⑤]本经书耳。”那先言：“人身若此，置故身，更受新身。”王言：“善哉！善哉！”

注释

① **身：** 躯壳、躯体。

② **不行：** 不随神识而走。

③ **本经书：** 原来的经书。

④ **夈：** “夺”之异体字。此处指“学到”“获得”之意。

⑤ **续自知：** 从他人而知。

译文

王又问那先：“人死以后，其旧有身躯不再随着神识在后世再生吗？”那先说道：“人死以后，将再接受新的身躯，原来的身躯并不相随。”那先说道：“这就好像灯中的灯芯，相继燃烧掉原来的灯芯，继续在新的灯芯上再次燃烧。人身就像这灯芯一样，原来的身躯不随神识一起离开，而是再接受新的身躯。”

那先问王道：“王小时跟从老师学习认字、读经没有？”王说道：“做过。我跟着老师后面学。”那先问王：“王跟从老师所学习的那些经书，老师难道就知道本来的经书吗？王都是从原来的经书上学到知识的吗？”王说：“不是这样的。老师也是从他人处知道原来的经书意思的。”那先说：“人的身躯也像这样，抛开原来身躯，再接受新的身躯。”王说道：“说得好哇！说得好哇！”

第二十七问那先真的是有智慧吗？

原典

王复问：“那先审为有智无？”那先言：“无有智。”“譬若人盗他人果蓏[1]，盗者宁有过无？”王言：“有过。”那先言：“初种树栽时，上无有果，何缘盗者当有过？”王言：“设不种栽，何缘有果？是故盗者无状[2]。”

那先言：“人亦如是。用今世身作善恶，生于后世，更受新身。”王言：“人用是故身行，作善恶所在。”那先言："人诸所作，善恶随人，如影随身。人死但亡其身，不亡其行。譬如然火夜书[③]，火灭其字续在，火至复更成之。今世所作，行后世成，如受之，如是。"王言："善哉！善哉！"

注释

① **果苽：**果蓏。（此譬与上文意不相属。）

② **无状：**无理。亦指偷盗者有罪。

③ **书：**此处作动词，写字、作书之意。

译文

王又问："那先真的是有智慧，还是没有呢？"那先说道："没有智慧。"（按：疑此处原译有脱或有误。姑照译）。那先言："譬如有人盗取他人果实瓜类，偷盗的人是有罪，还是无罪？"王说道："有罪。"那先说："当初栽种树木时，树上无果，何从盗起？为何现在偷盗之人应该有罪呢？"王说："假若当初不栽种，哪里有什么果子呢？因此偷盗的就有罪了。"

那先说："人生也是这样。因为今世之身躯做下了善恶之事，在后世就再轮回再生，又接受新的身躯。"王说道："人原来是因为旧有身躯所为，是种下善恶之种的宿因所在。”那先说：“人的各种所作所为，其善恶之果随人而走，如同影子随同身躯一样。人死之后仅仅消失身躯，并不因此而失去其所作的善恶业力。这就像点灯在夜里写字一样，火光熄灭了其字仍然存在，灯来的时候又呈现出字来。今世所做善恶之事，持续到后世而变成结果，就像从某人手中原封不动地接过来的，这便是如此。”王说道：“说得好哇！说得好哇！”

第二十八问善恶之业果处在何地?

原典

王言：“那先宁能分别指视[①]善恶所在不耶？”那先言：“不可得知善恶所在。”那先问王：“树木未有果时，王宁能分别指视言，某枝间有某果，某枝间无有果，宁可豫知之不耶？”王言：“不可知。”那先言：“人未得道，不能豫知善恶所在。”王言：“善哉！善哉！”

注释

① **指视：**丽刻本作“指示”，即指出某物给某人看。

译文

王说道："那先能不能分别把善恶所处之地指出来让我瞧瞧呢？"那先说："不知道善恶究竟处在何地。"那先问王："树木还没有长果子之时，王能不能分别指点着说，某一树枝间有果，某一树枝间没有果，而能够预先知道呢？"王回答道："不能知道。"那先说："人还没有得道之时，不能预先知道善果或恶果在何处。"王说："说得妙啊！说得妙啊！"

第二十九问人能预知将投生于来世吗？

原典

王复问："人当于后世生者，宁能自知不？"那先言："其当生者自知。"王言："何用知之？"那先言："譬如田家耕种，天雨时节，其人宁豫知当得谷不？"王言："然。知[①]知田当得谷多。"那先言："人如是，人当于后世生豫自知。"王言："善哉！善哉！"

注释

① **知：** 此"知"字当为衍字。"别本"此句译为

“犹知当得谷多”。按：此处譬喻，正本与“别本”之意，均颇为费解。

译文

王又问：“人将在后世重新投生的人，能不能在生前知道呢？”那先说：“那些将要再次新生的人自己知道。”王说：“凭什么知道的呢？”那先说：“譬如农民耕种，天降大雨时节，这些人能不能预知将会有好收成呢？”王说：“知道。他们会根据下雨的情况判断将会知道收成很好。”那先说：“人也一样，根据自己所培植的福田和善恶种子，每个将要在后世再生的人会预先知道的。”王说道：“说得好哇！说得好哇！”

第三十问佛究竟在哪里？

原典

王复问那先："审有泥洹无？"那先言："审有。"王言："那先宁能指示我佛在某处不？"那先言："不能指示佛处。佛已泥曰却①不可得指示见处。"那先言："譬若人然大火，已即灭②，其火焱宁可复指示，知光所在不？”王言：“不可知处。”那先言：“佛已泥曰去，不可复知处。”王言：“善哉！善哉！”

注释

① **佛已泥曰却：**此句“却”字，丽刻本作“去”字。当是。“别本”此句译为：“佛已泥洹去。”当是。

② **已即灭：**“别本”作“以即灭”。依文意当是“已寂灭”。

译文

王又问那先：“的确有涅槃的境界还是没有此境界？”那先说：“的确有。”王说道：“那先能否把佛所处的位置指出来让我看看呢？”那先说道：“不能指出佛在何处。佛已经涅槃，不能指出佛之所在给人看。”那先说：“譬如人点燃大火，大火已经熄灭了，这堆大火的火焰还可以指出来让人看吗？”王说道：“不能够再知道火焰在何处了。”那先说：“佛已经涅槃离开了我们，不能够再知道他处在何处了。”王说道：“说得好哇！说得好哇！”

第三十一问沙门爱惜自己的身体吗？

原典

王又问那先："沙门宁能自爱其身不？"那先言："沙门不自爱其身。"王言："如令沙门不自爱其身者，何以故自消息[①]？卧欲得安温濡[②]，饮食欲得美善，自护视[③]，何以故？"

那先言："王宁曾入战斗中不？"王言："然。曾入战斗中。"那先言："在战斗中时，曾为刀刃、牟[④]箭疮所中[⑤]不？"王言："我颇为刀刃所中。"那先问王："奈刀刃、牟箭疮何？"王言："我以膏药绵裹[⑥]耳。"那先问王言："为爱疮故，以膏药绵絮裹耶？"王言："我不爱疮。"那先言："殊[⑦]不爱疮者，何以持膏药绵絮裹而护之？"王言："我欲使疮早愈。"

那先言："沙门亦如是，不爱其身。虽饮食，心不乐用作美，不用作好，不用作肌色趣[⑧]，欲支身体，奉行佛经戒耳。佛经说言：'人有九孔，为九弓疮[⑨]。诸孔皆臭处不净。'"王言："善哉！善哉！"

注释

① **消息：** 休息。

② **温濡：** 温暖柔和。

③ **自护视：** 自我照顾调理。

④ **牟：** 不知何字。疑为“矢”字，或为“矛”。

⑤ **中：** 击中。此句“别本”译为：“曾为刀刃、箭所中不？”意尤简明。

⑥ **裹：** 包扎。

⑦ **殊：** 特别、十分地。

⑧ **趣：** 追求、趣味。

⑨ **九弓疮：**“别本”作“九矛疮”。此处佛教把人身九窍看成讨厌之所在，由厌世到鄙身。

译文

王又问那先道：“沙门难道也会自己爱惜自己的身体吗？”那先说：“沙门不爱惜自己的身体。”王说道：“假使沙门不爱自己的身躯的话，为什么还要自我休息呢？睡觉还要安稳温软的床铺，饮食还想得到好吃的食物，自己保护照料自己，这是为了什么呢？”

那先说：“王是否亲自参加过战斗呢？”王说道：“参加过。曾经亲自参加了战斗。”那先说：“在战斗的过程之中，曾经被刀刃、矛箭伤过没有呢？”王说道：“我曾经狠狠地被刀刃所击中。”那先问王道：“对刀刃、矛箭的疮伤怎么办呢？”王说道：“我用膏药棉絮包扎起来了。”那先问王道：“难道这是为了爱护疮伤本身，用膏药棉絮包扎起来吗？”王说道：“我当然不是爱护疮疤本身了。”那先说：“若不是十分地爱惜疮疤的话，为什么用膏药棉絮包扎而保护起来呢？”王说道：“我是想让疮伤早日痊愈罢了。”

那先说道：“沙门也是这样，并不爱惜自己的身体。即使吃饭喝水，心里并不以美食而乐，不把它们看作是好食物，也不把它们当作是为了追求光洁姣好的肌肤的必需品，只是要借此来滋养色身，借假修真，践行佛教的经典与戒律，成就道业罢了。佛经上说道：‘人身上有九个孔穴，是人身上九个被弓箭射伤的疮孔。每个孔穴都是泄漏臭气的地方而并不干净。’”王说道：“说得好哇！说得好哇！”

第三十二问佛有三十二相、八十种好吗？

原典

王复问那先：“佛为有三十二相、八十种好，身皆金色有光影耶？”那先言：“佛审有三十二相、八十种好，身皆有金色光影。”王言：“佛父母宁有三十二相、八十种好，身皆有金色有光影耶？”那先言：“佛父母无是相。”王言：“如是相、好，是父母无是相，佛亦无是相。”王复言：“人生子，像其种类[1]。父母无是相者，佛定无是相。”那先言：“佛父母虽无是三十二相、八十种好，身金光色者，佛审有是相。”

那先言：“王曾见莲花不？”王言：“我见之。”那先言：“此莲花生于地，长于泥水，其色甚好，宁复类泥水色不？”王言：“不类地泥水色。”那先言：“虽佛父母无是相者，佛审有是相。佛生于世间，长于世间，而不像世间之事。”王言：“善哉！善哉！”

注释

①**种类：**种，此处即指父母。类，模样。

译文

王又问那先道：“佛是有三十二相、八十种好，通身都有金色的光环影子吗？”那先说道：“佛的确有三十二种大人相、八十种好，通身都是金色光环笼罩。”王说道：“佛的父母难道也有三十二种大人相、八十种好，通身都有金色光环影子吗？”那先说道：“佛的父母没有这些殊妙相。”王说道：“像这些大人相、随形好，他的父母都没有这些相好，佛也就没有这些相好。”王又说道：“人生下孩子，都与其父母相像。父母没有这些相好，佛也一定没有这些相好。”那先说：“佛陀的父母即使没有这些三十二种大人相、八十种好，也不是通身都有金色光环笼罩着，但佛的确有这些相好。”

那先说道：“王曾经看见莲花没有？”王说道：“我看见过莲花呀！”那先说：“这莲花生于地下，长于泥水之中，其颜色十分娇美，是不是还像泥水一样的颜色呢？”王说道：“不像泥水之色了。”那先说：“虽然佛的父母没有以上那些殊妙相，而佛的确是有这些殊妙相的。佛虽生于世间，长于世间，但又不像世间的物事。这是他累劫的修证成果，并不是用世间的常识可以量知的。”王说道：“说得太妙了！说得太妙了！”

第三十三问佛像第七梵天不与妇女交会吗？

原典

王复问那先：“佛审如第七天王梵所行，不与妇女交会[①]不？”那先言：“然。审离于女人，净洁无瑕秽。”王言：“假令佛如第七天王所行者，佛为第七天王梵弟子。”那先问王：“第七天王者，有念无念？”王言：“第七天王梵有念。”那先言：“是故，第七天王梵及上诸天，皆为佛弟子。”那先问：“王言象鸣声何等类[②]？”王言：“象鸣声如雁声。”那先言：“如是，象为是[③]雁弟子？各自异类，佛亦如是，非第七天王梵弟子。”王言：“善哉！善哉！”

注释

① **交会**：性交，过性生活。

② **类**：相类似。

③ **为是**：因为此，因为这一声音。是，指代声音。

译文

王又问那先：“佛的确像第七天王梵修清净梵行，不与妇人在一起过性生活吗？”那先说：“的确如此！的确远离了女人，净洁而毫无瑕秽之事。”王说道：“假如佛像第七天王修清净梵行一样，佛就是第七天王的弟子了。”那先问王道：“第七天王是有心念，还是无心念呢？”王说道：“第七天王梵有心念。”那先说：“因此，第七天王梵以及上界诸天王，都是佛的弟子。”那先问：“王说象的叫声与什么东西的叫声相似？”王说：

“象的叫声像雁的叫声。”那先说：“像这样说来，象便是雁的弟子了？但事实上是各自属不同的种类，佛的情况也是这样，并不是第七天王梵的弟子。”王说道：“说得太妙了！说得太妙了！”

第三十四问佛从谁学习经戒？

原典

王复问那先：“佛宁悉学知经戒不？”那先言：“佛悉学知，奉行经戒。”王言：“佛从谁师[①]受经戒？”那先言：“佛无师。佛得道时，便悉自知诸经道。佛不如[②]诸弟子学知。佛所教诸弟子，皆当奉行至老。”

注释

① **谁师：**哪一个老师。

② **不如：**不像。

译文

王又问那先：“佛难道都是通过学习而知道经典和戒律的吗？”那先说：“佛都是学习而知道的，然后践履经典教义及戒律。”王说道：“佛从哪位老师接受经戒的呢？”那先说：“佛没有固定的、明确的老师。佛自己证得道果时，便都知道各种经典及其中法则了。佛不像我们这些弟子们是从其他老师那里学习之后才知道的。佛所教导诸位弟子的经义戒律，都应当坚决践行直到年老。”

第三十五问父母死哭、闻法哭有何不同？

原典

王又问那先：“人父母死时，悲啼哭泪出；人有闻佛经，亦复悲啼泪出。俱尔[①]宁别异不？”那先言：“人为父母啼泣，皆感恩爱、恩念，愁忧苦痛。此曹[②]忧者，愚痴忧。其有闻[③]佛经道泪出者，皆有慈哀之心，念世间勤苦[④]，是故泪出。其得福甚大。”王言：“善哉！”

注释

① **俱尔**：意思是“相同呢”。

② **此曹**：此辈、这些人。

③ **闻**：听人宣听。

④ **勤苦：** 痛苦、辛苦。此段乃讲佛教慈悲情怀的来由。

译文

王又问那先道："人们在父母死亡之时，悲啼而哭以至泪流；有些人倾听佛经之时，也悲啼而哭以至泪流。这是相同呢，还是不同呢？"那先说道："人们为父母死亡而哭泣，都是因为感激父母的恩爱，因恩爱而产生情执思念，由此而导致愁忧痛苦。这些人的忧愁，是愚痴者的愁忧。那些倾听佛教经典之后而感动泪流满面者，都是因佛的经教引发他的慈悲哀悯之心，他们体悟到世间的辛勤劳苦，所以泪流满面。这些人的流泪啼哭所得到的福报将是很大的。"王说："说得好哇！"

第三十六问已度未度者有何差别？

原典

王又问那先："以得度脱者，有何等别异？"那先言："人未得脱者，有贪欲心；人得脱者，无有贪欲之心。但欲趣得飦食支命[①]耳。"王言："我见世间人，皆欲快身，欲得美食，无有猒足[②]。"那先言："人未得度脱，饮食者，用作荣乐好美；得度脱者，虽饮食，不以为乐，不以为甘[③]趣，欲支命。”王言：“善哉！善哉！”

注释

① **支命**：维持生命。

② **猒足**：厌足。满足之意也。

③ **甘**：甜美。

译文

王又问那先：“那些已经得度的人，与没有得度的人有些什么差别？”那先说：“人在没有得度之时，有贪婪欲望之心；人在得度之后，便没有了贪欲之心。只仅仅是想成就道业而获得饭食以维持生命罢了。”王说道：“我看世间之人，都想使身体愉快，想要获得美好的饭菜，从没有满足的时候。”那先说：“人在没有达到得度的境界时，饮食的行为，是被当作一种快乐爱好；已经达到了超脱的境界者，即使同样在吃饭喝水，但不再把这种行为看作是一种快乐，也不再去追求甘美的饮食趣味，只是要维持生命的延续罢了。”王说道：“说得好哇！说得好哇！”

第三十七问人会忆念久远以前之事吗?

原典

王复问那先：“人家有所作，能念①久远之事②不？”那先言：“人愁忧时，皆念久远之事。”王：“用何等念之？用志念耶？用念念耶？”那先问王言：“宁曾有所学知，以后念之不？”王言：“然我曾有所学知，以后忽忘之。”那先言：“王是时无志耶，而忘之乎？”王言：“我时忘念③。”那先言：“可。差王为有象。”

注释

① **念：**意念、心念，此乃为佛教主要概念之一。它是指一种意识活动。

② **久远之事：**过去之事。

③ **忘念：**“别本”作“妄念”，当是。

译文

王又问那先道：“人们在有所作为的时候，能够思考很久远以前的事吗？”那先说：“人在愁苦忧伤的时候，都会回忆很久很远的事情的。”王说（原文脱“说”字）道：“用什么来忆念呢？用心志去忆念吗？用忆念去忆念吗？”那先问王道：“是否曾经学习知识，以后又回忆这些知识还是没有回忆呢？”王说道：“的确，我曾经学习过一些知识，以后忽然又忘了这些知识。”那先说：“王这个时候没有了心志，而忘记了所学的吗？”王说：“我时常忘记要忆念的东西。”那先说：“行了。王这种现象差不多可以归于某一种类型了（属于对久远之事的忆念）。”

第三十八问人有所作皆会忆念吗？

原典

王复问那先：“人有作，皆念耶？若甫[①]始有所作，念见在[②]所作，皆用念知耶？”那先言：“已去之事，皆用念知之；念见在之事，亦用念知之。”王言：“如是，人但念去事[③]，不能复念新事。”那先言：“假新者有所作不可念者，亦如是。”王言：“人新学书伎巧为唐捐[④]耶？”那先言：“人新学书画者，有念，故令弟子学者；有知，是故有念耳。”王言：“善哉！善哉！”

注释

① **甫：** 刚刚、正开始。

② **见在：** 现在。

③ **去事：** 过去之事。

④ **唐捐：** 虚掷、落空。

译文

王又问那先："人有所作为，都会忆念吗？假使开始有所作为，再考虑现在的所作所为，都是用忆念知道的吗？"那先说："已经过去的事情，都是通过忆念知道的；忆念现在的事情，也是用忆念知道的。"王说道："如果是这样的话，人们就只会忆念过去之事，不再能够忆念新生的事物了。"那先说道："假如新的有所作为而不能忆念，也是这样通过忆念而知道的。"王说道："人们新学的书写技巧是白白地付出的代价吗？"那先说："人们新学的书画技巧，因为有忆念，所以要求弟子们学习；有所知，因此才有忆念的可能。"王说："说得好哇！说得好哇！"

第三十九问人因何事而产生忆念？

原典

王复问那先："人用几事生念念耶？"那先言："人凡有十六事生念：一者，久远所作，生念；二者，新有所学，生念；三者，若有大事，生念；四者，思善，生念；五者，曾所更苦[①]，生念；六者，自思维，生念；七者，曾杂所作[②]，生念；八者，教人，生念；九者，象[③]，生念；十者，曾有所忘，生念；十一者，因识，生念；十二者，教计[④]，生念；十三者，负债，生念；十四者，一心，生念；十五者，读书，生念；十六者，曾有所寄更见[⑤]，生念；是为十六事生念。"

王复问那先："何等为念久者？"那先言："佛弟子阿难女弟子优婆夷鸠仇单罢，念十亿世宿命之事；及余道人，皆能念去世[⑥]之事；如阿难女弟子辈甚众多，念此，已便[⑦]生念。"

王又问："何等新所学生念者？"那先言："如人曾学知挍计[⑧]，后复忘之，见人挍计，便更生念。"

王又问那先："何等为大事生念？"那先言："譬若太子立为王，自念为豪贵，是大事生念。"

王复问那先："何等为思善生念者？"那先言："譬

若人为人所请呼，极善意宾延[9]遇待之。其人自念言：昔日为某所请呼，善意待人。是为思善生念。”

王又问那先：“何等为更苦生念者？”那先言：“譬若人曾为人所挝捶[10]，閇系[11]牢狱，是为更苦生念。”

王复问那先言：“何等为自惟生念者？”那先言：“譬若人曾有所见家室、宗亲及畜生，是为自惟生念。”

王又问那先言：“何等为曾杂所作生念者？”那先言：“譬若人万物字颜色、香臭、酢苦，念此诸事，是为曾杂生念。”

王复问那先言：“何等为教人生念者？”那先言：“人自喜，忘边人，或有念者，或有忘者，是教人生念。”

王又问那先言：“何等为象生念者？”那先言：“人、牛、马各自有象类，是为象生念。”

王又问那先言：“何等为曾所忘生念者？”那先言：“譬若人卒[12]有所忘数数[13]独念得之，是为曾所忘生念。”

王复问那先：“何等为因识生念者？”那先言：“学书者，能次其字，是为因识生念。”

王复问那先：“何等为挍计生念者？”那先言：“如人共挍计成就，悉知策术分明，是为挍计生念。”

王又问那先：“何者为负债生念者？”那先言：“如

人所当债，所当归[14]，是为负债生念。”

王又问那先："何等为一心生念者？”那先言："沙门一其心，自念所从来，生千亿世时事，是我为一其心生念。”

王又问那先："何等为读书生念者？”那先言："帝有久古之书，念言某帝、某吏时[15]书也，是为读书生念。”

“何等为曾有所寄，更见生念者？”那先言："若人有所寄，更眼见之，便生念，是为‘所寄’生念。”王言："善哉！善哉！”

注释

① **更苦：** 经历之苦。

② **杂所作：** 所作不专一。

③ **象：** 物之具体形象，寻求同类、归宿。

④ **教计：**“别本”作“校计”。即术数技艺。

⑤ **更见：** 经历过的见闻，亲眼见过。

⑥ **去世：** 过去的世代。

⑦ **已便：**“别本”作“以便”。

⑧ **挍计：** 前面作“教计”。计算之意也。

⑨ **宾延：** 延请。

⑩ **挝捶：** 遭到棍棒的棰楚。

⑪ **閇系：** 关系。

⑫ **卆：** 卒也。通猝也。仓促之间。

⑬ **数数：** 汲汲，一心一意地在寻求。

⑭ **归：** 偿还。

⑮ **吏时：**“别本”作“午时”，当是。或“吏”为“史”之误。

译文

王又问那先：“人因为哪些事情引起忆念呢？”那先说：“人一共有十六件事可以引起忆念：第一，很久以前的所作所为，引起忆念；第二，新近的所学，引起忆念；第三，如果有重大的事情，将引起忆念；第四，向往善的境界，将引起忆念；第五，曾经所经历的苦难，引起忆念；第六，思维同宗或同类命运，将引起忆念；第七，曾经对各种不同之事有所涉猎，也引起忆念；第八，教导别人，将会引起忆念；第九，寻求类的归属，引起忆念；第十，曾经有所遗忘的事情，引起忆念；第十一，因为获得知识，引起忆念；第十二，术数活动，引起忆念；第十三，因为负债，引起忆念；第十四，心志专一于生命的缘起及未来，将会引起忆念；第十五，读书活动，引起忆念；第十六，曾经有所寄托，并亲眼见过这种理想，引起忆念。这便是引起忆念的十六种事情。”

王又问那先道：“忆念久远是指什么呢？”那先说道：“如佛的弟子阿难，有一位在家女弟子优婆夷名叫鸠仇单罢，能忆念千亿世前的宿命事情；及其他一些得道之人，都能忆念过去世的事情。像阿难的女弟子等的得道之人很多，都能忆念久远之事，此是为因忆念过去久远生中之事而引起忆念。”

王又问：“因为新学的东西引起忆念是指什么呢？”那先说：“就像人们曾经学习过术数技艺，后来又忘记了，看到别人所作，便又再次地产生了忆念。”

王又问那先：“为大事忆念是指什么？”那先说道：“譬如太子被册立为王，自己心想这是豪贵之事，这便是指因为大事而忆念。”

王又问那先道：“忆念善之境界而引起忆念是指什么？”那先说道：“假如某个人被另一个人所延请，并且极其友善地招待这个人。嗣后这个被请的人心里想到：在过去曾经被某人所延请，应该以友善的心意来对他人。这便是因为回忆而向往善德境界引起忆念。”

王又问那先道：“为所经历之苦而引起忆念是指什么呢？”那先说：“譬如一个人曾经被人用棍棒毒打过，或曾被关闭在牢狱之中，这便是为经历之苦而引起忆念的意思。”

王又问那先道："同类相怜引起忆念是指什么？"那先说道："譬如人曾经见过家里亲人、同宗亲属以及家里的畜生引起悲悯心情，这便是同类怜悯引起的忆念。"

王又问那先："曾经对各种事物有所涉猎引起忆念是指什么？"那先说："譬如人类为万物起名，对各种颜色、香臭之气、酢苦之味加以标识分别，忆念这些众多表象，便是被曾经所涉猎的诸事物引起忆念之意。"

王又问那先道："教导他人引起忆念是指什么？"那先说："人们自己欣赏自己，忘记了身边还有其他人存在，这些人有的还有记忆，有的已经忘记了，于是好为人师，这便是教导他人引起忆念。"

王又问那先："为寻找类的归属而引起忆念是指什么？"那先说："人、牛、马等各自都有其类的归属，这便是寻找类的归属而引起忆念。"

王又问那先道："曾经记得而突然间忘了而引起忆念是指什么呢？"那先说："譬如一个人仓促之间忘记了曾经所记的东西，一心一意地急于找回记忆而对此东西耿耿记在心中，这便是因为忘记曾经所记忆的东西而引起忆念。"

王又问那先："因为学习知识而引起忆念是指什么？"那先说道："学习写字的人，能够安排各个字的位置，为此而动脑筋便是因为学习知识而引起忆念之意。”

王又问那先道：“因为校量分析而引起忆念是指什么？”那先说：“譬如人们一起学习校量分析成功的原因，全部都明白了其中的方法，这便是因为校量分析而产生忆念的意思。”

王又问那先：“因为负债而引起忆念是指什么？”那先说：“譬如某人正在欠着他人之债，又值该还债的时候，这便是因为负债而产生忆念。”

王又问那先：“专心于生命的源起及未来而引起忆念是指什么？”那先说：“沙门辈使心志专一，自己思考生命从何处而来，以及千亿世之前的事情，这便是我所说的心志专一而引起忆念。”

王又问那先：“因为读书而引起忆念是指什么呢？”那先说：“帝王有年代久远的古书，心中想到这是哪一代帝王、哪一个历史时期的书呢？这便是因为读书而引起忆念。”

（王问道：）“因为曾经有所寄托并在某处又亲自见过而引起忆念是指什么？”那先说：“假如某人有所寄托，又亲眼在某处见过此理想之境，因而引起忆念，这便是因为‘所寄’而产生忆念。”王说道：“说得好哇！说得好哇！”

第四十问佛知三世一切事吗？

原典

王复问那先言："佛宁悉知去事甫始[①]，当来事耶？"那先言："然，佛悉知之。"王言："假令佛悉知诸事者，何故不一时教弟子？何故稍稍教之？"那先问王："国中宁有医师无？"王言："有医师。"那先言："其医师宁能悉知天下诸药不？"王言："能悉知诸药。"

那先问王："其药师治人病，为一时与[②]药，为稍稍与之？"王言："未病，不可豫与药；应病[③]，乃与药耳。"那先言："佛虽悉知去、来、现在之事，亦不可一时教天下人。当稍稍授经戒，令奉行之耳。"王言："善哉！善哉！"

注释

① **甫始：**开始。

② **与：**给。

③ **应病：**根据病情。

译文

王又问那先道："佛难道都能知道过去之事的初始状态，以及未来将发生的事吗？"那先说："是的，佛都知道这些事情。"王说道："假如佛都知道这些事情，为什么不集中于一时全都教给他的弟子们呢？为什么慢慢地教给他们呢？"那先问王道："您国中有医师没有？"王说道："有医师。"那先说："这些医师能否知道天下的各种药物呢？"王说道："能够都知道天下各种药物。"

那先问王："这些医师治人病时，是集中时间把所有的药都给病人呢，还是慢慢地给药呢？"王说道："没有生病的时候，不能预先给药；针对具体的病症时，才配给药剂。"那先说道："同样，佛即使知道过去、未来、现在的事情，也不可能一时全部教给天下之人。将依弟子的根机慢慢授予经文戒律，使他们践行。"王说道："说得好哇！说得好哇！"

第四十一问人死念佛能生天吗?

原典

王又问那先:“卿曹沙门言:‘人在世间作恶至百岁,临欲死时念佛,死后者皆生天上。’我不信是语。复言:‘煞[①]一生,死即入泥犁中。’我不信是也。”那先问王:“如人持小石置水上,石浮耶,没耶?”王言:“其石没。”那先言:“如令持百牧[②]大石置船上,其船宁没不?”王言:“不没。”

那先言:“船中百牧大石,因船故,不得没;人虽有本恶[③],一时念佛,用是不入泥犁中,便生天上。其小石没者,如人作恶,不知佛经,死后便入泥犁。”王言:“善哉!善哉!”

注释

① **煞:** 杀也。

② **百牧:** 百枚、百颗。

③ **本恶:** 一贯之恶。

译文

王又问那先："你们这些沙门说：'人在世间作恶直至百岁，到临死时候虔心发愿念佛，死后能仗念佛之功德都能生于天上。'我不相信这些话。你们又说：'杀死一个生命，死后便会堕入地狱之中。'我不相信这种说法。"那先问王道："假如有人拿一颗小石子放到水上，石子是漂浮的，还是沉下去呢？"王说道："这颗石子沉下去。"那先说："如果抬百块大石头放到船上，这艘船难道会沉下去吗？"王说道："船不沉下去。"

那先说道："船中百块大石头，因为船的缘故，不沉下去；人即使曾经作的恶行，因为有一个短时间明白善恶因果，生大忏悔，专心地念佛，因为这一念佛功德而不沉沦到地狱之中，而且还会生在天上。那颗小石子沉到水中，就像人作恶之后，不知道听闻佛经，不知忏悔，死后便堕入地狱之中。"王说道："说得好哇！说得好哇！"

第四十二问汝辈为何出家做沙门？

原典

王复问那先："卿曹用何等故，行学道，作沙门？"那先言："我今以过去苦、现在苦、当来苦，欲弃是诸苦，不欲复受更[①]，故行学道作沙门。”王复问那先：“苦乃在后世，可为豫学道，作沙门？”

那先问王：“王宁有敌国、怨家，欲相攻击不？”王言：“然，有敌国、怨家，常欲相攻击也。”那先问王：“敌主[②]临来时，王乃作斗具，备守、掘壍耶？当豫作之乎？”王言：“当豫有储偫。”那先问王：“何等故先作储偫？”王言：“备[③]敌来，无时故。”那先问王：“敌尚未来，何故豫备之？”那先又问王：“饥乃田种，渴[④]何故豫作备度？”王言：“善哉！善哉！”

注释

① **更**：经历、经受。

② **敌主**：敌国的首领，此处代指敌国军队。

③ **备**：临近、等到。

④ **渴**：此字下漏译。依“别本”是“渴乃掘井耶”。

译文

王又问那先：“你们这些人因为什么缘故，去学道做沙门呢？”那先说：“我们深深认为过去世是苦，现在世是苦，未来世还是苦，想要抛弃这些苦痛，不想再去经历这些苦，所以来学道做沙门。”王又问那先：“苦乃是在后世，可以预先学道做沙门而能免除吗？”

那先问王：“王是不是有敌国、怨家，想要攻击你吗？”王说道：“是的，有敌国、怨家，常常想要攻击我国呀！”那先问王道：“敌国主帅来临之时，王才去做战斗的准备、防守、挖战壕吗？还是先预备好这一切呢？”王说道：“当然预先有所准备。”那先问王道：“为什么先做准备呢？”王说道：“敌人来了的时候，没有时间的缘故呀！”那先问王：“敌人还没有来，为什么要预先准备呢？”那先又问：“肚子饿了的时候才种田，口渴才掘井吗？为什么要做预备呢？”王说道：“说得太好了！说得太好了！”

第四十三问第七梵天距娑婆世间多远？

原典

王又问那先：“第七梵天去是[①]几所？”那先言：“甚远。令大如王殿石从第七梵天上堕之，六日乃堕此间地耳。”王言：“卿曹诸沙门言：‘得罗汉道，如人屈申[②]臂，顷以飞上第七梵天上。’”王言：“我不信是。行数千万亿里，何以疾[③]乃尔？”

那先问王：“王本生何国？”王言：“我本生大

秦国[4]，国名阿荔散[5]。”那先问王：“阿荔散去是间几里？”王言：“去是二千由旬[6]，合八万里。”那先问王：“曾颇[7]于此遥念本国中事不？”王言：“然，恒念本国中事耳。”那先言：“王试复更念本国中事，曾有所作为者。”王言：“我即念已。”那先言：“王行八万里反覆[8]何以疾？”王言：“善哉！善哉！”

注释

① **去是：** 距离这里。

② **屈申：** 通“屈伸”。

③ **疾：** 飞快。

④ **大秦国：** 古罗马国。

⑤ **阿荔散：** 依梁启超释，即为亚历山大之旧译。

⑥ **由旬：** 古代印度计量长度的单位。按此处折算，每由旬四十里。

⑦ **颇：** 是否。

⑧ **反覆：** 来回。

译文

王又问那先：“第七梵天距离我们这儿有多远？”那先说：“十分远。假如有一块大如王之殿堂的石块从第七梵天上坠落下来，六天才能坠到我们这块地上。”王说：“你们这些沙门说：‘得阿罗汉道之人，就像人弯曲伸直手臂一样，须臾之间便飞到第七梵天之上。’”王说道：“我不相信这一说法。行走数千万亿里的道路，凭借什么能走这么快呢？”

那先问王：“王本来生于哪个国家呢？”王说道：“我本来生于罗马国，其国名叫亚历山大帝国。”那先问：“亚历山大帝国距离这儿有多少里路程？”王说道：“距离这儿有二千由旬，合计共八万里。”那先问王：“曾经在这遥遥想念本国之中的事情没有？”王说道：“当然啰，常常遥遥思念本国之中的事情呀！”那先说：“王现在试作再来思念一下本国中的事情，就像你曾经所作过的遥念一样。”王说道：“我现在已经遥念结束了。”那先说：“王行八万里来回的路程，为什么这么迅速呀？”王说道：“你这个例子说得太好了！说得太好了！”

第四十四问两人同死何者先投胎?

原典

王复问那先：“若有两人于此俱死[1]，一人上生第七梵天，一人生罽宾[2]。罽宾去七百二十里，谁为先到者？”那先言：“试念阿荔国[3]。”王言：“我已念之。”那先复言：“王试复念罽宾。”王言：“我已念之。”那先问王：“念是两国，何所疾者？”王言：“俱等耳。”那先言：“两人俱死，一人生第七梵天上，一人生罽宾，亦等耳。”

那先问王：“若有一双飞鸟，一于一高树上止，一鸟于甲树[4]上止，两鸟俱飞，谁影先在地者？”王言：“其影俱倒[5]地耳。”那先言：“两人俱死，一人生第七天上，一人生罽宾，亦俱时至耳。”王言：“善哉！善哉！”

注释

① **俱死：** 一同死去。

② **罽宾：** 汉代西域的国名。在今喀布尔河下游流域克什米尔一带地区。罽，音 jì。

③ **阿荔国：** 阿荔散国。

④ **甲树：** 应写作“卑树”，即矮树。

⑤ **俱倒：** 俱到、同时到。

译文

王又问那先：“假若有两个人现在一同死去，一个人上生于第七梵天，一个人生于罽宾。而罽宾距离这里七百二十里，那么哪一个首先到达他们各自的地方呢？”那先说：“请王试作遥念亚历山大帝国。”王说：“我已经遥念了。”那先又说道：“王再试作遥念罽宾。”王说道：“我也已经遥念罽宾了。”那先问王：“遥念这两个国家，哪一个更快到达呢？”王说道：“都是一样地快。”那先说：“两个人一道死去，一人生于第七梵天之上，一个人生罽宾国，也是同等时间到达。”

那先又问王：“假如有一双飞鸟，一只在一棵高树上栖止，一只在一棵矮树上栖息，两鸟同时起飞，哪只鸟的影子首先到达地面？”王说道：“两个影子同时到达地面呀！”那先说道：“两个人一道死去，有一个人生于第七梵天上，有一个人生于罽宾之国，也是同时到达呀！”王说道：“说得好哇！说得好哇！”

第四十五问通过何种方式学习可知道法？

原典

王复问那先：“人用几事，学知道？”那先言：“用七事，学知道。”“何等为七？”“一者，念善恶之事；二者，精进；三者，乐道；四者，伏意为善；五者，念道；六者，一心；七者，适无所憎爱。”

王又问那先：“人用此七事，学知道耶？”那先言：“不悉[①]用七事，学知道。知者持知善恶，用是一事，别[②]知耳。”王又问那先：“假令用一事知者，何为说七言[③]？”那先问王：“如人持刀着鞘中，倚[④]壁，刀宁能自有所割截不？”王言：“不能有所割截。”那先言：“人心虽明，会当得是六事，共成智耳。”王言：“善哉！善哉！”

注释

① **悉：**尽、都、全部。

② **别：**其他。

③ **言：**此或为衍字，或为笔误。当作“耶”。

④ **倚：**挂在。

译文

王又问那先：“人要通过几种方式学习然后知晓大道？”那先说：“通过七件事，可以知晓大道。”“是指哪七件事呢？”“第一，要忆念何者为善何者为恶之事；第二，要精进修道；第三，要以道为乐；第四，要制伏诸恶念使之向善；第五，要以道为思念的准则；第六，要专心致志；第七，要达到没有什么可以憎恨可以喜爱的境界。”

王又问那先：“人通过这七件事，能够学习而知晓大道？”那先说：“并不全部都要用上七件事，学习之后然后才知晓大道。有智慧之人紧紧抓住判别善恶这一点，凭借持智以分别善恶这一件事，其他的都知道了。”王又问那先：“假如只要通过一件事而就能知道大道，为什么又说是七事呢？”那先问王：“如果人手持钢刀放于刀鞘之中，并且挂在墙壁之上，这把刀难道能够自己去割截什么东西吗？”王说道：“不能割截什么东西。”那先说：“人心即使是具有明智之端，虽有分别善恶的智慧，但也应当通过其余六件事的开启协助，然后合成智慧。”王说道：“说得好哇！说得好哇！”

第四十六问人行善得福大或作恶得殃大?

原典

王复问那先：“人家作善，得福大耶？作恶，得殃大耶？”那先言：“人作善，得福大；作恶，得殃小。人家作恶，日日自悔过，是故其过日小。人家作善，日夜自念欢喜，是故得福大。”

那先言："昔者，佛在时，其国中有人，掘无[①]手足而取莲花持上[②]佛。佛即告诸比丘言：'此掘足手儿，却后[③]九十一劫[④]，不复入泥犁中，畜生、劈荔道[⑤]中，得生天上。天上寿终，复还作人。'是故，我知人作小善，得福大。作其恶，人自悔过，日消灭而尽。是故，我知人作过，其殃小。"王言："善哉！善哉！"

注释

① **掘无：**"别本"译作"杌无"。杌，树无枝的样子。此处指没有手足的人。

② **上：**献给。

③ **却后：**往后。

④ **劫：**佛教记时之单位。天地从形成到毁坏为一劫。

⑤ **劈荔道：**饿鬼道。以其长劫不闻浆水之名，常为饥饿所逼。

译文

王又问那先："人们行善，得福就大吗？作恶，遭殃就大吗？"那先说："人行善，其获得的福一定是大的；作恶，其遭到的祸殃可能是小的。因为人作恶之后，天天自我悔过，所以他的罪过就一天比一天小。别人行善，每日每夜都在心中充满着欢喜之情，所以他获得的福也就大。”

那先说：“过去的时候，佛还在世，他所处的国中有一个人，手和脚都没有了但还取得一枝莲花，拿着这朵莲花献给了佛。佛当时就告诉各位比丘，说道：‘这一位没有手脚的孩子，往后经历九十一劫的轮回，也不会再坠入地狱中，进入畜生道、饿鬼道中，而可以生于天上。天上的寿命终结之后，又还重新做人。’因此，我知道人们行小善，其获得的福很大。那些作过恶的人自己忏悔自新，一天一天地将消灭罪孽以至干净。所以，我知道人们作恶之后，只要忏悔自新其祸殃可能很小。”王说道：“说得好哇！说得好哇！”

第四十七问智愚者作恶，何人得殃大？

原典

王复问那先：“智者作恶，愚人作恶，此两人殃咎，谁得多者？”那先言：“愚人作恶，得殃大；智人作恶，得殃小。”王言：“不知那先言。”王言：“我国治法，大臣有过，则罪之重；小民有过，罪之轻。是故，我知智者作过恶，得殃大；愚者作恶，得殃小。”

那先问王："譬如烧铁[①]在地，一人知为烧铁，一人不知，两人俱前取烧铁，谁烂手[②]大者耶？"王言："不知者手烂大。"那先言："愚者作恶，不能自悔，故其殃大；智者作恶，知不当所为，日自悔过，故其殃少。"王言："善哉！善哉！"

注释

① **烧铁：** 滚烫的、炽热的铁。

② **烂手：** 烫伤手。

译文

王又问那先："智慧之人作恶，愚蠢之人作恶，这两个人的罪过，哪一个人得到的多些呢？"那先说："愚蠢之人作恶，其所得的祸殃大些；智慧之人作恶，他们得到的祸殃小些。"王说道："不知那先所说的是什么意思。" 王说道："我国中治理人的法律规定：大臣有了过错，则重重治罪；小民有了过错，则罪行从轻发落。因此，我只知道智慧之人作恶，得到的祸殃更大些；愚昧之人作恶，获得的罪责还轻些。"

那先问王："假如有烧热铁丸在地上，一个人知道是烧热的铁丸，一个人不知道，两个人都上前去取这一烧热的铁丸，哪一个烫烂手的程度大些？”王说：“不知是热铁丸的人手烫烂的程度大些。”那先说：“愚昧之人作恶，不能够自我悔悟，所以他们得到的祸殃就大些；智慧之人作恶，知道了自己的所作所为不应该，每天都在忏悔过错，所以他们的祸殃就小些。”王说道：“说得好哇！说得好哇！”

第四十八问此身能飞行到第七梵天吗？

原典

王复问那先：“人有能持此身，飞行上至第七梵天上及至郁单曰地[①]，及所欲至处者不耶？”那先言：“能。”王言：“奈何持此身，上第七梵天及郁单曰地及所欲至处乎？”那先问王：“王宁自念少小时跳戏[②]一丈地不？”王言：“我年少时意念欲跳，便跳一丈余地。”那先言：“得道之人，意欲跳至第七天上及至郁单曰地者，亦尔。”王言：“善哉！善哉！”

注释

① 郁单曰地，“别本”作“郁单越地”。

② **跳戏：**戏跳、玩耍蹦跳。

译文

王又问那先："人们之中有一些能携带身躯，飞行到第七梵天，上到郁单曰地以及想到什么地方就到什么地方吗？"那先说："能。"王说："如何携带这一身躯，上到第七梵天及郁单曰地，以及心中想要到的地方呢？"那先问王："王是否还记得少年时游戏跳高，一跳就是一丈多高的事吗？"王说道："我少年时意念之中想跳，便跳了一丈多高。"那先说："得道之人，心中想跳到第七天上以及到郁单曰地，也就像你小时游戏一跳那样。"王说道："说得好哇！说得好哇！"

第四十九问何物骨长四千里？

原典

王复问那先："卿曹诸沙门言：'有骨长四千里。'何等身，骨长四千里？"那先问王："曾闻大海中有大鱼，名质，身长二万八千里者不？"[①]王言："然，有是，我曹闻之。"那先言："如是二万八千里鱼，其胁骨长四千里，王怪之为？"王复问那先："卿曹诸沙门说言：'我能断[②]喘息[③]之事。'"王言："奈何可断喘息气耶？"

那先问王："宁曾闻志不？"王言："我闻之。"那先言："王以为志在人身中耶？"王言："我以为志在人身中。"那先言："王以为愚人不能制其身口者，不能持经戒，如此曹人，亦不乐其身？"那先言："其学道人者能制其身，能制口，能持经戒，能一其心，得四禅，便能不复喘息耳。"王言："善哉！善哉！"

注释

① 此处描写，颇类庄子所描述的寓言故事。

② **断：** 斩断、中断。

③ **喘息：** 呼吸。

译文

王又问那先："你们这些沙门辈说：'有一个东西骨架之长有四千里。'什么东西的身躯，它的骨架之长有四千里呢？"那先问王："曾经听说过大海中有种大鱼，名字叫作质，身长二万八千里的这种鱼吗？"王说道："的确，有这一传说，我曾听说过。"那先说："像这种二万八千里长的鱼，它的胁骨长四千里，还值得奇怪吗？"王又问那先："你们这些沙门说道：'我能够中断呼吸。'"王说道："人怎么能够中断呼吸之气呢？"

那先问王："曾经听说过心志没有？"王说："我曾经听说过。"那先说："王认为心志在人身躯之中吗？"王说道："我认为心志在人身躯之中。"那先说："王认为愚昧之人不能控制他们的身躯嘴巴，不能够持守经典戒律，像这些人，也不以他们的身躯为快乐吗？"那先说："那些修道的人能够控制他们的身躯，能够控制他们的嘴巴，能够持守经典戒律，能使自己的心志专一，证得四禅，便能够不再呼吸了。"王说道："说得好哇！说得好哇！"

第五十问为什么海水是咸的？

原典

王复问那先："为呼言[①]海？海为是[②]水名为海耶，用他事故[③]言海？"那先言："人所以呼为海者，水与盐[④]参各半，是故为海耳。"王复问那先："何以故海悉醎如盐味？"那先言："所以海水醎者，啖畜以来久远，及鱼鳖虫多共清[⑤]水中，是故令醎耳。"王言："善哉！善哉！"

注释

① **为呼言**：为什么称之为。

② **为是**：因为这种。

③ **事故**：原因。

④ **醓**：“盐”之俗字。

⑤ **清**：丽刻本写作“渍”。“别本”译作“清便”。依文意，从“别本”。古人以此解释海水咸淡，是因为知识有限。

译文

王又问那先：“为什么称为海呢？海因为这些水而名字叫作海？还是因为其他原因叫作海呢？”那先说：“人之所以称之为海，是因为水与盐各占一半的缘故，因此叫作海。”王又问那先：“是什么缘故海水都咸得像盐一样呢？”那先说：“海水之所以是咸的，是因为蓄积的时间久远，以及鱼鳖虫类不断地向水中排泄大小便，因此是咸的。”王说道：“说得好哇！说得好哇！”

第五十一问得道者能忆念深奥之事吗?

原典

王复问那先:“人得道已,宁能悉思维深奥众事不?”那先言:“然。人得道已,能悉思维深奥之事。佛经最深奥,知众事,不可称量[①],众事皆以智评之[②]。”王言:“善哉!善哉!”

注释

① **称量:** 估量、探测。

② **智评之:** “别本”译作“智评断之”。意为众事都以佛经作为评判标准。

译文

王又问那先:“人们得道之后,难道能够思考各种深奥的事情吗?”那先说:“是的。人得道之后,能思考深奥的事情。佛经最深奥,佛知晓众多事情,无法用具体的标准来衡量,众多事情都能运用智慧来评判它们做到恰如其分。”王说道:“说得好哇!说得好哇!”

第五十二问神识、智慧、自然，是同是异？

原典

王复问那先："人神[①]、智[②]、自然，此三事，宁同不？各异？"那先言："人神者，生觉；智者，晓道；自然者，虚空，无有人[③]也。"王又问那先："人言得人[④]。何等为得人者？今眼视色，耳听声，鼻闻香臭，口知味，身知软粗，志知善恶之事。何所为得人者？"

那先问王；"如今合解[⑤]，用目视，脱瞳子，去之，视宁广远不？裂大其耳，听声宁广远不？决鼻令大，其闻香宁多不？刎[⑥]口令大，知味宁多不？剥割肌肤，宁令信知粗软不？拔去其意，盛念宁多不？"王言："不也。"

注释

① **人神：** 人拥有的不死之神识。

② **智：** 认识能力。

③ **虚空，无有人：** 虚空，没有精神，徒有躯壳；无有人，没有人的知觉、感情等。

④ **得人：** 找到灵魂。人，抽象的有生命的灵魂。

⑤ **合解：**分析分开来看。

⑥ **刎：**丽刻本作“吻”，亲自尝一尝。

译文

王又问那先：“人的神识、智慧、自然，这三种事情，是同还是不同？各各相异吗？”那先说：“人的神识这个东西啊，是产生觉悟的本体；智慧呢，是知晓大道之能力；自然呢，是虚空的，没有人的主体意识的躯壳。”王又问那先道：“人们都谈论获得灵魂。怎么样才能称之为获得灵魂呢？用眼睛来观看颜色，用耳朵来倾听声音，用鼻子闻香臭之气，用口去体知味道，用身躯去感受软硬与粗细，用心志去辨别善恶。那么对于人而言，什么叫作获得灵魂呢？”

那先问王：“现在可以分析来看，用眼睛看东西，撇开瞳子，不要瞳了，视力能够更加广远吗？摧裂某人的耳朵，听力能够更加广远吗？撕开鼻（孔）让它变得更大，那么它闻到的香气是多还是不多？割开嘴巴使它变得更大，看其分辨的味道，是不是能够更加地多样化些？如果我们要剥去割下某人的肌肤，看他是否还知道粗细软硬的区别不？清除某人的意志，看其载承的心念是不是会更多？”王说道：“那就不会如此了。”

第五十三问佛所作所知甚难甚妙吗？

原典

那先言："佛所作甚难，佛所知甚妙。"王复问那先："所作何等甚难？何等甚妙？"那先言："佛能知人腹中，目所不见事，悉能解[1]之。能解目事，能解耳事，能解鼻事，能解口事，能解身事，能解贩事，能解所念事，能解神事。"

那先言："人取海水含之，宁能别知[2]口中水是某泉水，是某流水，是某河水不？"王言："众水皆合为一，难各别知。"那先言："佛所作为甚难，皆能别知。今人神不见人身中有六事不可见。"那先言："是故，佛解之。从心念至目所见，从心念至耳所听，从心念至鼻所齅[3]，从心念至口知味，从心念至身知苦乐、寒温、粗坚，从心念有所向，佛悉知分别解之。"王言："善哉！善哉！"

注释

①**解：**理解、剖分。

②**别知：**区分出来。

③**齅：**"嗅"之异体字。

译文

那先说："佛所做的事情非常困难，佛所知道的东西很微妙。"王又问那先："佛所做的事是什么样的难法？又是什么样的微妙法？"那先说："佛能够知道人心中的事情，一般人眼睛看不到的事，都能剖解它的微妙。能够剖解眼睛所见之事，能够剖解耳朵听到的事情，能够剖解鼻子闻的东西，能够剖解口舌辨别的东西，能够剖解身躯感受的东西，能够剖解一切败坏的事，能够剖解疑虑之事，能够剖解所想念的事，能够剖解神识体悟之事。"

那先说："人取海水含在口中，能不能分辨出口中所含之水是哪条泉源之水，是哪条溪流之水，是哪一条大河之水？"王说道："众多之水合而为一，难以分别知晓区分。"那先说："之所以说佛所做的事很困难，就是因为他对任何事物皆能一一分别了知。人身中之眼等六识皆不可见，但佛却能了知。"那先说："因为佛所作甚难的缘故，因此能剖解出来。从心念以至于眼睛所看见的，从心念以至于耳朵所听见的，从心念以至于鼻所闻到的，从心念以至于口中所辨别的滋味，从心念以至于身体所感知的苦和乐、寒冷与温暖、粗糙与坚硬，从心念以至于思考趋向，佛都知道并能析出各种感觉的特征。”王说道：“说得好哇！说得好哇！”

原典

那先言：“夜已半，我欲去。”王即敕傍臣：“取四端叠布，搵[①]置油麻中，持以为炬[②]，当送那先归。恭事[③]那先，如事我身。”傍臣皆言：“受教。”王言：“得师如那先，作弟子，如我，可得道疾。”王诸所问，那先辄[④]事事答之，王大欢喜。王即出中藏好衣，直十万以上那先。王语那先：“从今以去，愿那先日与八百沙门，共于宫中饮食[⑤]，及所欲，皆从王取之。”

那先报王：“我为道人，略无[⑥]所欲。”王言：“那先当自护[⑦]，亦当护我身。”那先言：“何等当自护，护王身？”王报言：“恐人论议，呼王为悭，那先为解诸狐疑而不能赐与。或恐人言：‘那先不能解王疑，故王不赏赐。’”王言：“那先受者，令我得其福；那先亦当护其名。”王言：“譬若师子在金槛中，由[⑧]为拘閇，常有欲望去心。今我虽为国宫省中[⑨]，其意不乐，欲弃国去而行学道。”王语竟，那先便归佛寺。

那先这去，王窮[⑩]自念：我问那先为何等事？那先为我解何等事？王自念：我所问，那先莫不解我意者。

那先归佛寺，亦自念：王问我何等事？我亦报王何等事？那先自念：王所问者，我亦悉解之。念此事至天明。

明日，那先被[11]袈裟，持钵，直入宫，上殿坐。王前为那先作礼已，乃却坐。王白那先："那先这[12]去，我自念：问那先何等语？那先报我何等语？我又自念：所问那先，那先莫[13]不解我意者。念是语，欢喜安卧，至明。"那先言："我行归舍，亦自念：王为问我何等事？我亦为王解何等事？我复自念：王所问，我辄为解之。用是故，欢喜至明。"语竟，那先欲去，王便起，为那先作礼。

注释

① **揾：**揩也。

② **炬：**火把。

③ **恭事：**恭敬地侍奉。

④ **辄：**立刻。

⑤ **饮食：**丽刻本作"饭食"。意同。

⑥ **略无：**一点也没有。

⑦ **护：**维护、保护。

⑧ **由：**"别本"写作"犹"。

⑨ **为国宫省中：**“别本”译作“国王在宫省中”。语意顺畅。宫省中，即宫廷中。

⑩ **竊：**“窃”字，私下里。

⑪ **被：**通“披”。

⑫ **这：**丽刻本作“适”。刚才之意。

⑬ **莫：**没有哪一个。

译文

那先说：“夜已经很深了，我要回去了。”王立即敕令旁边大臣：“拿出四匹折叠布匹，浸渍在麻油之中，拿住作为火炬，去送那先回去。恭敬侍奉那先，就像侍奉在我的身旁。”旁臣都齐声说：“受教了。”王说道：“能够得到像那先这样的人做老师，成为他的弟子，像我这样的人得道就快了。”王各种所问，那先立即就每件事给予了回答，王十分地欢喜。王立刻拿出宫中贮藏的精品衣服，价值十万以上给了那先。王对那先说道：“从今以后，但愿那先每天与八百沙门，共同在宫中就餐，及其他所需之物，都可以从王宫中拿取。”

那先说：“我是修道之人，没有一点额外的欲望。”王劝说那先道：“您应当爱护自己的名声，也应当保护我的身名。”那先说：“什么叫作应当自我保护，也保护王之身名呢？”王回答道：“恐怕他人议论，称呼王是悭吝之人，那先替王解答了各种狐疑而不能够获得赐予。或者又恐怕其他人说：‘那先不能解释王的疑问，所以得不到赏赐。’”王说：“那先接受了这些，使我得到其接受行为中的福报；那先也应当保护自己的名声。”王说道：“我现在就像狮子在金笼子之中，就好像被拘禁一般，经常有想逃出去的想法。现在我即使是处在国家的宫廷之中，但我的情怀并不快乐，想要抛弃国家而去学道。”王说完了，那先便归佛寺去了。

那先这样一走，王私下思念道：我问了那先些什么事呢？那先为我解答什么？王自己想道：我所问的问题，那先没有一个不能理解的，并且都给予了解答。那先回到佛寺之中，也自己想道：王问了我些什么事情呢？我又是如何回答王的呢？那先自己想道：王所有的提问，我也都予以解答了。思念这些事情一直到天亮。

第二天，那先身披袈裟，手持钵盂，直接走入宫殿，到正殿里坐下。王走上前来向那先施礼完毕，便退回到自己座中。王告诉那先：“那先您昨晚一离去，我便自己想道：我问了那先什么话？那先又回答了我些什些话？我又自己想道：我所有向那先提问的，那先没有一个不替我解答了的。想着这些话，心中欢喜睡觉安稳，一直到天亮。”那先说：“我走回佛寺的寮舍之中，也自己思念道：王向我问了些什么事情？我又替王解答了什么事情？我又自己想道：王所有的提问，我则立刻替他解答了。因为思念这些的缘故，一直欢喜直到天亮。”说完了这些话，那先便要走了，王便站了起来，向那先施礼告别。

源流

从古人、今人对《那先比丘经》的研究成果来看，该经基本上算是一部“孤经”，我们很难直接从具体的经典承继关系角度，找到该经的源流与脉络。但是，仔细地分析该经的具体内容、说经方式，还是能够找出该经的历史脉络的。从该经产生的时间、地点来判断，它一定在较大的程度上受部派佛教“说一切有部”的影响，而这种影响从现存的经文是可以找出来的；从其解说的主要内容看，该经基本上是在解释原始佛教的“四圣谛”和“十二因缘”思想，但也有某些变化；从其与其他部派的关系看，经文中含有大众部和上座部的某些思想；从其说经的方式看，主要继承了原始佛教的譬喻说经方式，并进一步地扩大了譬喻范围，加强了譬喻的形象性，对后来的譬喻师们有相当影响。因此，我们认为，从以上四个大的方面出发，探讨《那先比丘经》的源流脉络，是可以大致给出该经的历史定位的。

与说一切有部的关系

原始佛教在佛灭后的几百年里，出现了几次较大的分化。大约从阿育王到孔雀王朝覆灭为止（约公元前二五〇年至公元前一八七年），说一切有部在西北印度一带形成并立于统治地位。《那先比丘经》中的人物那先与弥兰陀王的活动时间大约在公元前一五〇年至公元前一三〇年，其活动范围亦在西北印度一带。那先出生于罽宾（今克什米尔）的一个婆罗门家庭，先后师从过两位佛教大师，然后自辟天地，自立门庭。

说一切有部的思想特点是承认一切法皆有自性，是一种实在的存有，过去、现在、未来三世皆实有。而且，说一切有部特别善于讲说万法之因。到公元一世纪后，"说因"的思想系统化，构成了著名的"六因说"。与其他各部说因的特点不同，一切有部把"因"看作是实在的，并且对"因"进行分析。这些思想在《那先比丘经》中都有所反映。如在该经的下卷，那先向弥兰王讲了十六种引起人思考的"因"，而且逐一解释这些"因"的意思，显得十分烦琐，但正好体现了有部学说的特点。

不过《那先比丘经》说因，有自己的侧重点。它主要突出了作善因和万法各自有因的一面。那先一再以“战喻”，强调人生种“善因”在前的重要性，反对临时抱佛脚的急功近利行为。这一思想实际上对轮回思想的消极面有所冲击，突出了人生积极改变自己命运的可能性。在分析万法各自有因的时候，提出了“独相禄”的观点，把具体的“因”与具体的“果”紧密地结合起来，突出了事物因果之间的必然联系的一面。如虎狗等动物平时吃下骨头后可以消化，但母虎、母狗怀子并不被消化掉；地狱中有罪之人之所以万劫不死，是因为他们的前世罪孽（因）没有消尽的缘故。另外，在分析同一果的不同因时，《那先比丘经》也做了生动的解释。如同为“哭”这一痛苦现象，哭死去的父母亲人是因为“爱”；听人诵佛经而哭是因为慈悲，知觉人生是苦。这种对“因”的详细生动的分析，无疑深化了有部旧的学说，而且为后来有部对“因”的深入细致分析提供了思维的成果。

另外，有部学说对万法的分析比较细致，它把一切法分为五类，如色法、心法、心所法等。色法主要包括对各种物质现象的研究；心法则主要对各种感觉、知觉的分析；心所法主要对思维与对象关系的分析及心理现象的研究分析。那先之所以能对弥兰陀王种种带实证性的提问做出答复，显然是得力于“有部”对万法分析细致的长处。说经过程中应对巧妙的譬喻便充分地展示了“有部”学说的优势，而且也丰富了有部的说经方法。

与原始佛教的关系

从《那先比丘经》的内容看，该经主要解释了一些不为当时人所了解的佛教概念及其理论问题。

就概念的解释来看，主要是解释了智慧、一心、精进、诚信、孝顺、四念处、四断意、四神足、四禅、五根、五力、七觉意、八正道等概念。

就理论问题而言，主要解释了轮回的道理，灵魂的有无，出家的目的及佛教僧徒在人世间的价值等问题。因此，《那先比丘经》被人看作佛教入门类的著作还是有道理的。随着佛教教义的深化，该经在历史中的作用自然也在减小，所以很难在后来的佛教经典中看到其影响。

与其他部派的关系

尽管《那先比丘经》主要受有部学说的影响，但与大众部和上座部的某些思想似乎也有关联。如：大众部承认佛有三十二相，八十种随形好，具有无所不知的神性特征。在《那先比丘经》中，当弥兰陀王问佛是否有这些神性这一问题时，那先的回答是肯定的。大众部认为佛是人间至尊的象征，否认阿罗汉为最高境界；而上座部则认为阿罗汉为最高境界。在《那先比丘经》中，对此问题却表现出矛盾倾向，一方面认为阿罗汉是最高境界，另一方面又尊佛为人间至尊。因而在人生境界论的问题上，是处在上座部与大众部之间的。

另外，《那先比丘经》的叙事部分思想与经中那先阐述的思想，似乎有一种矛盾。在叙事部分，主要倾向于肯定那先自度度人的行为。如经文上卷以肯定的笔调肯定了那先证得阿罗汉道后，入郡县，转街巷，布教化，度得一批人等。可在叙述那先与弥兰陀王对话时，又主要肯定人们的自度行为。当然，在谈及佛教徒在世俗社会中的作用时，那先也肯定了他们的楷模作用、引导作用，但还只是从客观效果方面来谈度世的，没有正面申述向社会挑战，拯救社会的意思。而且经文在一开始叙述佛陀的行为时，好像也在突出佛的隐世行为。因此，从救世与自救的目的来看，《那先比丘经》是介乎小乘佛教与大乘佛教之间，可以从该经中窥视出大乘救世思想的某些萌芽。这样，过渡性的特征又使《那先比丘经》在佛教思想史上具有特殊的价值意义。

譬喻说经的方式及其源流

譬喻说经是原始佛教说经的方式之一，是佛陀昔时针对层次不同听众宣讲佛法的方便法门。据有人研究，佛陀当时譬喻的内容多为农事、牧业方面的[①]。《那先比丘经》在说理时也多用譬喻，但范围宽广得多，有灯火喻、林牧喻、航船喻、鸟喻、人生经历喻、战喻、建筑喻、天文喻等，充分地展示了当时人们对自然的认识程度。特别是战喻，更具有当时西北印度的特点。弥兰陀王善战，那先以战喻，再恰当不过了。这一点倒颇像中国先秦诸子中的孟子善以战喻说齐王一样，那先善以战喻说弥兰陀王，二者各有千秋。

按照吕澂先生的研究成果来看，《那先比丘经》的譬喻说法方式，深化了有部旧阿毗达磨师的说理内容，使粗糙不精的有部旧说变得日趋深刻细密了。[②]如以灯火借灯芯相传之事来阐述轮回过程的前生与后世的关系，前一根灯芯燃尽，后一根续之，这时灯火既非先前灯火，又不能说与先前灯火无关；人的前生神识与后世名色身躯之神识的关系，如此相同。这一“薪尽火传”

之喻，在中国南北朝时期的形神论之争中，被佛教徒广泛运用（当然中国的《庄子》亦有此喻），可见此喻的魅力。在论证业力不失的问题时，以盗果与种果的关系来说明这一道理。盗果之人不能说偷盗的不是种果之人的果实，即使在栽种之时，树木本无果实，但之所以有果实，是因为有此树——有“本”。人生亦如是。虽然前身并不随神识转生，但其所作的业力仍然存在，故在后世之身中仍然继续发挥效用。诸如此类生动贴切之喻，《那先比丘经》中还有很多。吕澂先生说，那先可以看作是后来譬喻师的先驱。实际上，《那先比丘经》可以看作是后譬喻类作品的典范作品，而且有些地方，在譬喻的贴切程度上胜过后来的某些譬喻。将《百喻经》与《那先比丘经》作一比较，便可看出这一差异。

注释：

①《佛教与中印文化交流》，季羡林著，江西人民出版社，一九九〇年十二月第一版，第六十三页。

②《印度佛学源流略讲》，吕澂著，上海人民出版社，一九七九年十月第一版，第五十二页。

解说

《那先比丘经》作为一部宣教作品，其主要目的是要人们信仰佛的说教，超度尘世的苦海。但是，由于宣教的对象是一个希腊国王，而且是以质疑解答的方式来宣讲佛之教义，因而又带有问答对话的随意性特征。从经典的全文来看，主要涉及九个大的方面：第一是自度思想，涉及小乘佛教的宗教目的问题；第二是因缘和合的思想，涉及“我法”的本质与整体和部分的关系的思想；第三是轮回问题；第四是灵魂问题；第五是宿命论思想；第六是六觉相配与感觉，思维的来源问题，即原始佛教的境、行、果问题的延伸；第七是知识论的问题；第八是佛身观的问题；第九是超越世界与现实世界的差别问题。

除了这九个大的方面问题之外，《那先比丘经》还涉及一些人生哲学问题，在个人的成长经历中如何面对挫折，在社会生活中如何用智慧真理战胜强权等问题，从而使这部佛教经典具有极强的现代意义。下面，我们将简要叙述《那先比丘经》的精义。

《那先比丘经》的精义

自度思想

《那先比丘经》作为小乘佛教经典，其宗教的目的主要是自度思想，这种思想与大乘的超度众生思想是有极大差别的。该经在开始叙述那先身世时，便以浪漫的文学手法道出了这一目的，那先在前世学婆罗门道时就发誓：来生为了避免各种苦恼，而且也为了避免来生堕入地狱、饿鬼、畜生、贫穷中，所以愿意做沙门。在经文的对话部分，也十分明白地阐述了这一自度思想。当弥兰陀工问那先为何出家时，那先便说道，是要摆脱世间勤苦，不希望再经历来生的勤苦。并且把摆脱世间之苦看作是沙门辈最大的善德。

在论证如何达到自度目标的问题时，《那先比丘经》提出了一些具体的方法，如要“一心”，或曰要有诚信之心，要获得智慧等（参见如何避免轮回的一段），这些思想对于当今社会的人们是有启示意义的。

因缘和合思想

与原始佛教的因缘思想稍有不同的是,《那先比丘经》中的因缘和合思想偏重于知识论的分析与综合的一面,把原始佛教的因缘论思想由对世界的价值判断,即世界是苦,转向了对世界的知性判断,世间万法是由各部分的和谐相关构成的。如当弥兰陀王问谁是那先一段,那先没有直接回答,以什么是车反问王,最后才给出了答案。所谓那先,是合聚人体各个部分及其功能、人的社会性等,才是真实的那先这个人;而所谓“车”,也是合聚各种零件及其功能才是车。这一“因缘和合”思想,与原始佛教的“十二因缘”思想最终导致对人生是苦的“原始因缘论”是稍有不同的,倒是与后来龙树大乘的“缘起性空”的思想颇为接近,都带有一种价值中立的色彩。不同之处在于《那先比丘经》所坚持的是“缘起法有”的思想立场罢了。

实际上,《那先比丘经》中这一“因缘和合”思想,是受弥兰陀王提问方式的影响的。后来大乘的“缘起论”思想,都带有认知的倾向,再转向实践倾向。可以说,《那先比丘经》在将原始佛教的“缘起”思想导向后来的大乘空有二宗的“缘起”思想方面,起到了历史转折点的作用。

不过，在《那先比丘经》中，原始佛教的“缘起”思想还是占主要地位的。在论述人生为何是苦时，那先基本上仍是按原始佛教的十二因缘思想来推论的，并且最终把“愚昧”即“无明”看作是一切苦之本。所不同的是，《那先比丘经》并没有完全按照“十二因缘”的顺序——无明、行、识、名色、六入、触、受、爱、取、有、生、老死去进行论述的，而是随问而说法的。

轮回问题

在《那先比丘经》中，轮回问题讨论得比较详细。它大致包含三个大的方面问题：第一，什么样的人轮回，什么样的人不轮回，导致轮回的原因何在；第二，轮回过程中的神与形，业力与名色之身的关系问题；第三，如何避免轮回。

在那先看来，所有拥有尘世恩爱贪欲的人都要堕入轮回，再生为人，为人世间勤苦所折磨；没有恩爱贪欲的人便可超脱轮回之苦。尘世的“六情恩爱”便是轮回之根本因。

在轮回过程中，旧有的“名色之身”不会新生，而是这一“名色之身”种下的善恶之业力，借助新的“名色之身”再生，犹如火借薪传一样。这一“业力”轮回的思想虽然很难说是有灵论，但其潜在前提则是隐含灵魂（或曰神识）不死的前提，否则轮回便无法辗转。因此，轮回观必然涉及“神形观”。

在《那先比丘经》中，神形关系不是截然分离的，带有一定的辩证色彩。神识如火，身躯如灯芯，火借灯芯灯油不断燃烧下去，人的神识也借人的身躯辗转相续。这种辗转相续的神识，既不是旧有的神识，但也不是与旧有的神识完全分开。这样，佛教的“神形观”与希腊和希伯来文明中的神灵论便有了区别。我个人认为，这种“神形观”实际上承认了人生的可变性，在“业力”轮回的过程中，通过“今世”的种善因，可以慢慢地改变前世的宿恶，最后达到解脱。

不过，在《那先比丘经》的汉译本中，“神”与意念似乎是同义词，与轮回主体之“神识”又稍有不同，这是必须注意的。

就如何避免轮回的问题，那先提出了“一心”念正法、念善，运用智慧及其他有效的辅助方法。并且把“一心”看作超度世间之苦的根本方法，是诸善中的第一善。人能一心，诸善皆随；人能一心，可得超度之道。因此，各位修学佛道之人，都应当归于一心。

人之所以要“一心”，是因为只有“一心”才能产生智慧，才能认识人生的无常，才能体悟无常之苦。人生之苦的根源是“无明”，即是愚昧，它使人不能体悟人生之本质，因而要用智慧之光照亮人心的黑暗。智慧是人生的第一法宝，而这第一法宝是在“一心”之后获得的。

除了“一心”和智慧的法宝外，还有诚信、孝顺、精进、念善等。但这些都是辅助手段，根本的方法是“一心制意”。它体现了佛教人生哲学的特点，不祈求外在的上帝，而是通过对自我意识的控制，消除个人与社会的矛盾。这一非神论宗教在今日的社会中，将会得到更加充分的发展。

灵魂论

《那先比丘经》是否定人的身体内有一个完整的、精细的、能够全知的抽象的“人”，即灵魂在其中的。当弥兰陀王问那先“世间的人有没有灵魂”这一问题时，那先回答说“没有”。因为我们并不能把人身中的某一器官及其功能称之为“灵魂”。人身体中的“命”也不是灵魂。因为“命”并不能抛开具体的眼、耳、鼻、舌。身等感觉器官，而知觉色、声、嗅、味、硬软、冷热等外界世界存在的性状。人的知觉是通过“六觉”辗转相成的，并没有一个超越“六觉”之外的“灵魂”在主宰着。一心制意，即是要端正、专一人的思维，使之不被“六觉”感知的“六尘”所迷惑。希腊文明中具有“实体”特征的“灵魂观”，在《那先比丘经》中是找不到的。随形而生的“神”（或曰神识）并不是一个具有全知全能特性的“灵魂”，而毋宁说是“业力”的载体（或曰是业力的化身），是人作用于世界的“痕迹”抽象化的结果。

宿命论的观点

轮回的思想必然导致宿命论的观点，这种宿命论思想主要强调人生各种现象的因果关系，否定人生的偶然性和虚无性。人生在世，之所以有穷通、富贵、寿夭、高矮、美丑之别，就在于每个人各有所“本”。这种“本”便是前世宿命，即是前世所作的善恶“业力”。人的结局，是随着自己的善恶“业力”而定的，来生的命运便受今世的善恶之行影响，所以，人生要有备。备什么？备善之因，从而为来生服务。即使今生今世在遭受苦难，也不要怨天尤人，而应该从自己的前世找出原因，竭力在今世做善事，消除前世孽障，从而改变自己的命运。这便是《那先比丘经》中宿命论思想的大致意思。

很显然，这一宿命论思想是充分体现了“说一切有部”学说的特征，把“因”看作是实在的，而且突出强调了“同类因”的思想，即过去的善恶之因对现在或未来的影响，现在的善恶之因对未来的影响。如果人生真的如佛教所说，那么，这种“宿命论”与其说是消极的决定论，不如说是积极的改造论。不过，我们若把轮回的主体——小我的神识转换成人类的慧命相续，则佛教的轮回观和宿命论思想，就具有一定的现代意义，并能对当代社会的人类行为起到一定的规范作用。

六觉相配与感觉、思维的来源问题

由于神识的轮回而产生新的身躯生命，这一有形躯的生命便有眼、耳、鼻、舌、身、心六种感觉、知觉器官，从而形成相应的六识。人们正因为六识的作用而生恩爱苦乐。在别本《那先比丘经》中卷，那先向弥兰陀王详细地讲解了六觉使人内喜、外喜、内愁、外愁以及不喜不愁的种种表现情状，这似乎是原始佛教中没有的内容，大概是受了希腊分析精神的影响而出现的新变化。

值得重视的是，《那先比丘经》在阐述人的感觉与知觉的关系问题时，否定了希腊文明中“灵魂论”思想。它认为人的意念（或曰神识）是合诸眼、耳、鼻、舌、身、心的感觉而产生的理性知觉，是从生命本身而产生的，是辗转相成而无恒定的主宰者，是人在生命过程中稍稍习学便能相互协调的，无须每种感觉都必须与神识打招呼然后才能配合。因此，在六觉相配的问题上，早期佛教的认识与解释是优于希腊文明的“灵魂论”的。

就什么样的东西能引起人的思考，《那先比丘经》做了比较烦琐的阐述，认为有十六种事能引起人的思考。这种思想既有反映论的成分，又有心理学的成分，如人因为有所经历而思考便是反映论的，人因为追忆或因为哲学思维活动而思考便是心理学的。总而言之，引起人们动念——思考的原因来自于两方面，一是外在客观事物刺激，一是内在的心理活动。这一关于思维活动的诱因分析思想，显然也是原始佛教未加详细论述的，是佛教在西北印度传播过程中受希腊分析思想影响的具体体现。

知识论问题

与其他早期佛教经典稍有不同，《那先比丘经》还涉及了佛教的知识论问题。这一知识论问题主要集中在何以知的方法论上，同时也涉及了一些有关自然知识的问题。

就何以知的方法而言，《那先比丘经》主要突出的是类推方法和间接证引法。当弥兰陀王问那先，人们是怎么知道涅槃后的快乐的，在一个人还没有涅槃之前？那先回答道："是通涅槃了的人辗转相告而知的。"当弥兰陀王问那先："既然那先及那先之师均未见过佛，何以断定佛是存在过？是真的有佛？"那先回答说："存在过的东西并非要认识的主体亲眼所见，它的真实性是通过历史文献的流转而让后人知晓的。个人的经验是相当有限的。人们虽然没有斩截手足，但知道斩截的疼痛，为什么呢？就是从其痛苦之状类推而得知的。"尽管这种类推有时冒着犯错误的危险，但这一间接知识毕竟是人类获取知识的有效方法之一。《那先比丘经》中知识论思想，在一定程度上反映了印度文明的智慧，并且在某一个侧面构成了与希腊文明重实证思想的区别。

在涉及自然知识的问题上，《那先比丘经》解释了海水何以为咸的问题，以及地在水上、水在风上的自然现象，这一方面暴露了印度文明的弱点。不过，那先的解释在当时的时代条件下仍属于智慧的，因为在实证科学还不发达的时候，人们无法对自然现象做出更加令人信服的解释。

佛身观的问题

在《那先比丘经》中，佛身观问题主要有四个方面的含义，即佛的真实性问题；佛的种种示现从何而来的问题；佛是否为最尊，是否有无边的法力；佛是如何救赎世人的。

佛是否是真实的？那先对此做了肯定的回答，认为佛是真实存在过的，只是因为他涅槃而去，不知所在了。

佛的种种示现从何而来的呢？那先的回答是从生活中修证出来的，而不是来自父母的直接遗传。佛有三十二相、八十种随形好，正如莲花生于污泥浊水而不像污泥浊水一样，佛的种种形相无须像其父母。他虽生于浊恶的世间，长于浊恶的世间，却可以超越浊恶之上，升华为世间所无的独特圣人，为众人所崇拜、所模仿。这实际上隐喻了佛教作为一种宗教，是人间苦难的升华这一道理。

在《那先比丘经》中，佛已被奉为人间至尊，具有无边的法力，而且是全知全能的。这大约是宗教发展的一种需要。在经文的开始，佛就被叙述成人间的至尊。在问答过程中，那先一再通过譬喻方式说明佛是人间至尊，乃至为人天中至尊。他的一切独特之处，皆是无师自通的。他有无边的法力，能知一切事的来源，未来去向，甚至人心中所想，他能辨别各种合为一体事物中的原初构成成分，如海水，他就能辨别出是来自于何泉何河。而且他也知道万事万物的开始及其结局，并能给出相应的方法。

佛救济世人的方法是：因人因病发药，而不是一下子全部拯救所有的人。他是通过经、戒来慢慢地教导众人。因此，在方法论上，是可以归入“灵活论者”的范围，体现佛教人生哲学随机指点的实践性的特征。

超越世界与现实世界的差别问题

由于《那先比丘经》涉及两大文明系统的思维方式的对话，因而在一些问题的看法上极易发生分歧。如关于地狱世界的物质和人的存在形式问题，弥兰陀王对地狱世界中火烧大石，顷刻消尽，和人在地狱中，万劫不死的现象感到迷惑。而那先则认为这是因两个世界有不同的参照系统。地狱中的人不死，是因为其罪恶没有消尽，所以千万劫不死。大石之所以在地狱之中顷刻烧尽，正如有些动物如雌鳖、雌蟹吃下沙石可以消化一样，它们有自己特殊的消化系统。这里又体现了佛教的“灵活论”思维特点，把现实世界与宗教的超越世界分开，从而化解了希腊文明逻辑思维追求普遍性、一致性的凌厉攻势。

在关于超越世界与现实世界的时速相对性问题上，《那先比丘经》实际上天才地提出了“光速时间参照系”下两物运动的时差性问题，从而再次化解了弥兰陀王的实证性的提问。如那先解释得阿罗汉道之人飞上第七梵天与一个人死后到罽宾，是同时到达的，正如两只鸟从高矮不同的树上起飞，其投影同时到地一样。因为在光速的参照系里，树的高矮之差是可以忽略不计的。得道之人的行为属超越世界的行动，不能以现实世界的实证方式去理解，但可以通过现实世界中思维速度去类比。

可以这样说，那先之所以能对弥兰陀王之问应对不穷，很大程度上是凭借这种“二分世界”的思维模式，同时又巧妙地利用现实生活的经验现象加以譬喻。佛教在传播过程中逐渐由对世界的价值判断，开始重视建立起自己的宗教理论，重视对超越世界——彼岸世界特点的强调，重视通过认知方式去弘扬其价值论内容。

《那先比丘经》除了这九个大的方面内容之外，对原始佛教的无常思想、无我思想、涅槃思想也做了进一步的阐释。把万物及人皆当过去的“无常”归之于“空”，这显然与后来大乘的“空观”有关。对“无我”思想做了更深入细致的阐释，反反复复地论证涅槃后的快乐，论证人再次为人的痛苦，从而破除“我执”。特别是“我亦不求死，我亦不求生”，但须时可，时至便去的“随顺自然”的“无执”态度，十分类似后来中国禅宗的“自然生命观”。经文中肯定涅槃之后不复再有苦恼的思想，也成为后来佛教涅槃思想主要观点之一。另外，在该经中还隐约涉及戒与论的矛盾。

《那先比丘经》的现代意义

《那先比丘经》是一部文学色彩很强的作品，其文字中包含的内容十分广泛。虽然它距今有两千多年，但仍有一定的现代意义，这可以从其经文的故事情节和经文中论及的一些义理两个大的方面来分述。

故事情节中含蕴的人生哲理

重视生命的承诺和百折不回地去实现人生志向，是《那先比丘经》故事情节向我们展示的人生哲理。

在经文的上卷前半部，作者以浪漫的文学手法介绍了那先的身世。在他第一次投生在婆罗门之家后，便发誓来生要追求一种超度人世间诸苦的最高法则。后来的那先真的践履了自己的生命承诺，出家做沙门，不仅求得个人的解脱，而且还要引导众人解脱，像清水珠澄清浊水一样，澄清世人浊恶的人心。

从生命科学的角度看，人不可能有前世。但若把文学、宗教的浪漫看作是一种隐喻，则重视生命的承诺，确立人生的意义正是现代人生哲学所苦苦追求的目标，也是人类从古至今一直在追求的目标。人生意义固然是社会赋予的，但每个人如何从诸多意义中选择一种作为自己人生的方向，则是个人的事情。现代社会由于普遍地弥漫着西方的个体主义思想，反社会意义倾向，虚无主义心态已严重地使人丧失了生活的信心和意义感。我觉得，重新唤起人们对生命的使命感，重视人对社会意义的选择而不是否定，则是一件十分重要的思想性工作。

现代社会的快节奏感，已使越来越多的人失去了耐性，对成功的渴望使现代人心理特别焦虑与不安，承受不了挫折以及因此而产生的侥幸心理、机遇心理使得现代人显得特别浮躁与烦恼。医治现代人心理疾病的良方之一便是一心制意，培养耐心，敢于另辟蹊径，追求人生的成功。在经文的上卷前半部分，比较生动地叙述了那先成功之前的艰难探索过程。当他从舅父处的学习告一段落，之后来到和战寺时，自以为得了阿罗汉道就意味着成功，不意大罗汉颇波曰把他比作白米中的黑米，应该剔去，使他大为忧伤。当他犯戒说经后，又被逐出了和战寺，这无疑使他遭受了更大的打击。可他还是挺住了，自己一个人走进深山，昼夜精进，念道不懈，终于证得阿罗汉道。此时的那先再次回到和战寺，请求诸比丘僧原谅他以前过失。诸比丘僧虽然默认了，但那先并未因此而住入和战寺。他不仅要度己，还要度人，于是转入郡县街巷之中，说经劝善。受其教益者之中，有得第一层次的证果——须陀洹道，第二层次的证果——斯陀含道，第三层次的证果——阿那含道，第四层次的证果——阿罗汉道等人，声名响彻四天，最终成为与天王对话，并向他们说经的一代宗师。

也许，人生不可能都有辉煌的成就。但只要有作为，就得耐住性子，经受磨难，并且不蹈前人已成之迹，敢辟新路，在广阔的社会生活中为他人做出有益之事，立己立人，成己成人，达己达人，方可实现人生价值，成为受人尊敬之人。

以上这些人生启示，大约是《那先比丘经》所特有的。

经文义理中所含蕴的现代意义

在《那先比丘经》中的诸要义中，“业力轮回思想”，宗教徒的人格价值，“一心”制意排除烦恼的心理学方法，无疑具有现代意义。

如果我们把《那先比丘经》中的轮回主体由个人换成人类的“大我”，则其中所阐述的“业力轮回思想”对现代人是颇具深刻的启示意义的。人类生活的连续性使我们每代人无法割断与历史的关系，也使我们对未来具有不可推卸的历史责任。前代人种下的善恶业力，我们这代人都承担着。工业化的历史进程的确给我们带来了繁荣的物质生活和丰富的精神产品，但是，巨大的生态平衡破坏、环境污染以及核战争危险、人口压力等，也使我们这代人承受着巨大的伤害。作为具有智慧的人类来说，我们没有任何理由再让这种恶因继续地播种下去，应该自觉地在现实生活消除各种孽障，使未来社会中的人们生活得更加幸福。这是从人类的角度看。

从一个国家、民族、企业甚至是个人的角度来看，努力注意种植“善因”，不要在出了问题时“临时抱佛脚”，这也是十分重要的策略问题。一个国家、民族在日常国际事务中不愿善结邦邻，不注重国际间友好合作，不从事国际性人道救援活动，而一旦该国家、该民族有难之时，则将会陷入极其被动的状态之中。

现代社会中的大企业更应注重广种善因的活动，在取得了经济上的巨大成功后，应该在科技、文化、教育、宗教等各项社会福利事业活动中广种善因，从而为进一步的、持续性的发展奠定广泛的社会基础。

从个人的角度而言，广种善因并不一定是为来生服务，实际上对此生便有福利。一个人在单位、在社区乐于助人，广结良缘，这样的人一定会在困难的时候得到众人的资助。

多种善因，喜结良缘，有备无患，大约是《那先比丘经》反反复复阐述的“业力轮回思想”给予现代人的深刻启示吧！

就宗教徒的人格价值问题，《那先比丘经》也做了具有启示力的阐述。那先把佛弟子得度死生之道心看作是使浊水变清的“清水珠”，它们可以使人退却诸恶、诚信向善、心灵澄明。而且，高尚的佛弟子犹如世俗的领头雁、人生向导，使人从尘世的烦恼中解脱出来。现代社会“神圣”的匮缺，崇高人格的贬值，已经使表面的多元化社会陷入了深深的意义危机之中，人生哲学的知识论与人生价值实践的分离，使社会中的伪君子越来越多。如何像一些真正的佛教徒那样，以自身的崇高人格力量感化世人，成为世俗大众的楷模，则是当今社会道德建设的重要任务。因此，《那先比丘经》中对佛教徒的人格价值的重视，对当代社会的道德建设无疑具有启示作用。

就如何排除烦恼的方法而言，《那先比丘经》提出的“一心制意”方法，也具有现代意义。作为具有意识的人类来说，解决人生的矛盾不仅要从改造客观世界的一方入手，也要从改造主观的内在意识入手。就生活中的个人而言，要消除自己心理矛盾，恐怕更主要的是从改变自己的主观意识出发。因为外在于个人的社会是一个个人无法操纵的庞大对象，让它适合个人的需要是一件无比困难的事情。面对社会的不平等，面对外在世界诸多的诱惑，个人要想取得某一方面的成功，就必须收敛心意，使之专注于某一对象（或曰某一目标），排除各种干扰，从而取得人生的精进。我们没有任何能力控制世界，让它不去干扰你，但我们却有能力控制自己的心意，使之不驰骋于外物，不被外物奴役，不与外在世界相刃相靡。认识到这一点，便可以说具有了人生的智慧，然后再用这一智慧去护持“一心”，最后在专一的人生目标实践过程中，达到摆脱世俗中纷纭复杂的诸种烦恼的干扰，把自己从无谓的烦恼中解脱出来。

在我看来，佛教的涅槃境界、彼岸世界并不是一个神话虚无的理想王国，而是每个生活中的个人在生命展开的过程中所选定的意义世界。一个人真正地专注于自己的意义世界，就是进入了自己人生的涅槃境界。这一境界便是九死无悔的极乐世界。这也是我与佛教结缘以来的点滴体悟。这种对意义世界的专注不同于对尘世任何表象的执着，而是在体认人间即烦恼，离有无而悟“中道”之“空”以后的无执无碍。这一“无执无碍”用语言的假名来表述，亦是一“意义世界”，此世界便是我等所要证悟的彼岸世界、涅槃境界。

参考书目

1.《饮冰室合集》专集第十四册　梁启超著　上海中华书局印行

2.《印度佛学源流略讲》 吕澂著　上海人民出版社　一九七九年十月第一版

3.《中国佛教史》(一) 任继愈主编　中国社会科学出版社　一九八一年九月第一版

4.《印度哲学》〔印度〕德·恰托巴底亚耶著　黄宝生、郭良鋆译　商务印书馆　一九八〇年一月第一版

5.《印度佛教史》〔英〕渥德尔著　王世安译　商务印书馆　一九八七年四月第一版

6.《我的佛教观》〔日〕池田大作著　潘桂明、业露华译　四川人民出版社　一九九〇年四月第一版

7.《白话佛经集成·百喻经与那先比丘经》 翁虚

译团结出版社　一九九四年二月第一版

8.《佛教人物史话·印度古代的几位巴利文大师》阿难陀著《现代佛教学术丛刊》㊾　张曼涛主编　大乘文化出版社　一九七八年六月版

9.《印度佛教史论》（专集第二）《现代佛教学术丛刊》⑨③　张曼涛主编　大乘文化出版社　一九七八年六月版

10.《印度佛教概述》《现代佛教学术丛刊》⑨②　张曼涛主编　大乘文化出版社　一九七八年六月版

11.《中国大百科全书·宗教卷》中国大百科全书出版社　一九九一年十二月第一版

12.《佛教与中印文化交流》季羡林著　江西人民出版社　一九九〇年十二月第一版

13.《佛教经籍选编》任继愈、李富华著　中国社会科学出版社　一九八五年十月第一版

出版后记

星云大师说："我童年出家的栖霞寺里面，有一座庄严的藏经楼，楼上收藏佛经，楼下是法堂，平常如同圣地一般，戒备森严，不准亲近一步。后来好不容易有机缘进到藏经楼，见到那些经书，大都是木刻本，既没有分段也没有标点，有如天书，当然我是看不懂的。"大师忧心《大藏经》卷帙浩繁，又藏于深山宝刹，平常百姓只能望藏兴叹；藏海无边，文辞古朴，亦让人望文却步。在大师倡导主持下，集合两岸近百位学者，经五年之努力，终于编修了这部多层次、多角度、全面反映佛教文化的白话精华大藏经——《中国佛教经典宝藏》，将佛教深睿的奥义妙法通俗地再现今世，为现代人提供学佛求法的方便途径。

完整地引进《中国佛教经典宝藏》是我们的夙愿，

三年来，我们组织了简体字版的编审委员会，编订了详细精当的《编辑手册》，吸收了近二十年来佛学研究的新成果，对整套丛书重新编审编校。需要说明的是此次出版将丛书名更改为《中国佛学经典宝藏》。

佛曰：一旦起心动念，也就有了因果。三年的不懈努力，终于功德圆满。一百三十二册，精校精勘，美轮美奂。翰墨书香，融入经藏智慧；典雅庄严，裹沁着玄妙法门。我们相信，大师与经藏的智慧一定能普应于世，济助众生。

东方出版社

图书在版编目（CIP）数据

那先比丘经 / 吴根友 释译 .—北京：东方出版社，2019.10
（中国佛学经典宝藏）
ISBN 978-7-5060-8600-4

Ⅰ.①那… Ⅱ.①吴… Ⅲ.①佛经②《那先比丘经》
—注释③《那先比丘经》—译文 Ⅳ.① B942

中国版本图书馆 CIP 数据核字（2015）第 249278 号

那先比丘经
（NAXIAN BIQIU JING）

释 译 者：吴根友
责任编辑：王梦楠　杨　灿
出　　版：东方出版社
发　　行：人民东方出版传媒有限公司
地　　址：北京市朝阳区西坝河北里 51 号
邮　　编：100028
印　　刷：北京市大兴县新魏印刷厂
版　　次：2019 年 10 月第 1 版
印　　次：2019 年 10 月第 1 次印刷
开　　本：880 毫米 ×1230 毫米　1/32
印　　张：7.25
字　　数：116 千字
书　　号：ISBN 978-7-5060-8600-4
定　　价：48.00 元
发行电话：（010）85924663　85924644　85924641